Let's
Adobe
Photoshop

그래픽과 이미지 편집을
위한 최고의 기본서

실전 예제로 배우는
포토샵
그래픽 전문가
장민희 지음
Photoshop

김앤북
KIM&BOOK

포토샵 미리보기

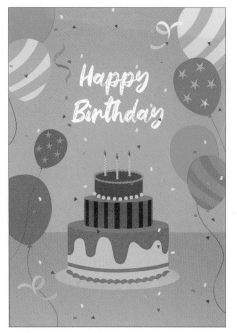

PART 02 선택 영역

PART 03 이미지 사이즈와 변형

PART 05 드로잉

PART 06 문자

PART 10 이미지 보정

PART 12 혼합 모드

PART 13 레이어 효과 및 스타일

PART 18 다양한 필터 활용

목차

PART 01 포토샵 시작하기

PART 02 선택 영역

PART 03 이미지 사이즈와 변형

PART 04 채색

목차

Ps 포토샵 설치하기

포토샵 정품은 어도비 홈페이지에서 구매할 수 있습니다. 가입 후 7일 동안 무료 체험을 할 수 있으며 무료 체험판 설치 후 7일 이내에 구독한 플랜을 취소하지 않으면 이후 자동으로 결제가 진행됩니다.

1 인터넷 브라우저에서 어도비 홈페이지 (www.adobe.com/kr)에 접속한 후 상단 [크리에이티비티 및 디자인] 메뉴의 [포토샵]을 클릭합니다.

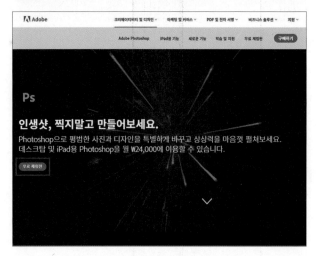

2 포토샵 화면이 나타나면 [무료 체험판] 버튼을 클릭합니다.

3 필요한 플랜을 선택하고 [무료 체험판] 버튼을 클릭합니다.

실전 예제로 배우는 포토샵

4 이메일 주소를 입력한 후 약관을 확인하여 동의합니다. 그 후 하단 [계속] 버튼을 클릭하여 어도비 계정을 설정합니다.

5 결제 정보를 입력한 후 [무료 체험 기간 시작] 버튼을 클릭합니다. 일주일 동안 무료로 사용할 수 있으며 이후 유료 결제됩니다. (결제를 원하지 않으면 무료 체험 기간 내에 홈페이지에서 구독한 플랜을 취소합니다.)

6 로그인 후 암호를 설정합니다.

7 프로그램 설치 전 먼저 설치 언어를 설정하기 위해 인터넷 브라우저에서 크리에이티브 클라우드 앱 홈페이지(https://www.adobe.com/kr/creativecloud/desktop-app.html)에 접속하여 [다운로드] 버튼을 누릅니다.

8 사용자의 계정으로 로그인합니다.

9 로그인 후 설치 파일이 다운로드 되면 크리에이티브 클라우드 앱을 설치합니다.

10 설치가 완료되면 크리에이티브 클라우드 앱을 실행합니다.

11 영문판으로 설치할 경우 상단 환경 설정 버튼을 눌러 앱 항목을 클릭한 뒤 [설치]-[기본 설치 언어]를 [English (International)]로 선택하고 [완료]를 클릭합니다.

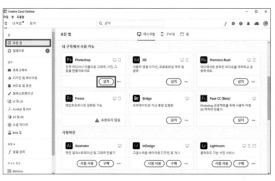

12 화면 왼쪽 상단 [파일]-[Creative Cloud 종료] 메뉴를 클릭하여 크리에이티브 클라우드 앱을 종료합니다.

13 다시 앱을 실행하고 화면 왼쪽 [모든 앱] 메뉴를 선택하고 [내 구독에서 사용 가능] 항목에서 포토샵을 설치합니다. 설치가 완료되면 설치 완료 메시지가 나타납니다.

최소 시스템 요구 사항

프로그램 설치를 위한 시스템의 최소 사양은 어도비 홈페이지에서 확인합니다. 사용 안내서에서 각 앱 항목을 클릭하여 설치에 필요한 사양을 확인할 수 있습니다.

Ps 예제&완성파일 다운로드

이 책은 Window 환경에서 포토샵 CC 2020~2024 버전 영문판을 기준으로 제작되었습니다.
다른 버전과 차이점이 있는 기능들은 각 페이지에서 확인할 수 있습니다. 버전에 따라 기능의 차이는 있지만
기본적인 사용 방법은 같습니다.

이 책에 사용된 예제 파일과 완성 파일은 표지에 기입된 각 홈페이지의 공지사항을 확인하고, 안내된 게시판
에서 다운로드할 수 있습니다.

Mac OS 사용자는 단축키 Ctrl 키를 Command 키로, Alt 키를 Option 키로 대체하여 사용합니다.

예제에 사용된 사진의 저작권은 모두 저자에게 있으며 그 외의 자료들은 사용 허가를 받고 출처를 표기하였
습니다. 모든 사진과 예제 자료들은 교재 내용 연습 이외의 모든 개인적, 상업적 사용이 허가되지 않습니다.

컴퓨터에서 사용하는 화상 표현 방식은 크게 비트맵(Bitmap)과 벡터(Vector)로, 이 두 가지 표현 방식은 서로 다른 특징과 각각의 장단점이 있습니다. 주로 포토샵에서는 비트맵, 일러스트레이터에서는 벡터 방식을 사용합니다.

Bitmap

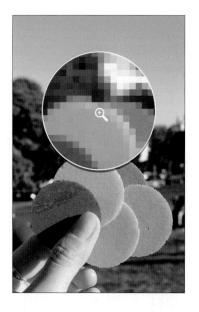

컴퓨터의 이진 코드는 화상을 표현하는 최소 단위의 점을 화소 혹은 픽셀(pixel)이라 하고, 이미지의 모양과 색을 픽셀로 표현하는 형태가 비트맵 방식입니다. 이 연속된 픽셀들의 집합을 래스터(Raster)라고도 합니다. 일반 비트맵 이미지를 크게 확대해 보면 하나의 색상으로 구성된 작은 사각형인 픽셀을 확인할 수 있습니다. 640X420px 크기의 이미지라면 가로에 640개, 세로에 420개씩 총 268,800개의 픽셀로 구성된 것입니다. 이렇게 세밀한 점들로 색상을 표현하기에 정교하고 섬세한 사진 작업을 할 수 있으며 여러 가지 합성이나 자연스럽고 사실적인 표현이 가능합니다. 그러나 이미지 크기 변경 시 픽셀 수도 줄어들거나 늘어나는 변화로 인해 이미지의 품질 저하가 생길 수 있습니다. jpg, bmp, gif, png, raw, psd 등의 파일 형식들이 모두 해당됩니다.

Vector

벡터방식은 그래픽을 수학 함수로 표현하는 방법입니다. 좌표계 (x,y)로 점과 점을 연결하여 직선 또는 곡선으로 원하는 위치, 모양, 크기, 색깔 등을 구성하면 해석된 함수 명령이 화면에 그래픽으로 표현됩니다. 이렇게 그려지는 형태를 패스(Path)라고 하는데 패스란 '길, 경로'라는 뜻으로 시작점과 도착점 사이를 잇는 선입니다. 기준점(Anchor Point)과 선분(Segment)으로 이루어져 있습니다. 이런 패스들로 구성된 개체를 오브젝트라고 합니다. 패스를 만들려면 점을 찍어가며 선을 이어 형태를 만들어야 합니다. 픽셀과는 달리 수학적 함수로 구성되기 때문에 오브젝트 크기를 줄이거나 늘려도 선명하고 화질의 변화가 없습니다. 비트맵 방식처럼 세밀하고 사실적인 색상 표현이나 이미지 편집은 할 수 없으나 크기 조절이 자유로워야 하는 로고나 타이포그래피, 캐릭터 작업 등에 유용합니다. ai, eps, svg 등의 파일 형식이 이에 해당합니다.

Ps 해상도

해상도(Resolution)는 픽셀(화소)의 개수를 말합니다. 이미지를 표현하는데 1인치당 몇 개의 픽셀로 이루어졌는지 정밀도를 나타내는 지표로서 화면 해상도는 ppi(pixel per inch), 인쇄물 해상도는 dpi(dot per inch) 단위를 주로 사용합니다. 픽셀의 수가 많을수록 세밀하여 고해상도의 깨끗하고 정밀한 이미지를 표현할 수 있지만 그만큼 많은 양의 메모리가 필요하여 파일 용량이 커집니다. 화면용 그래픽과 인쇄용 그래픽은 필요한 해상도가 다르므로 목적에 맞는 적절한 해상도를 사용하는 것이 바람직합니다.

화면용 해상도

우리가 흔히 보는 웹, 영상, 모바일 화면의 그래픽은 작업 시 px단위를 사용하고 해상도는 72ppi~96ppi입니다. 72ppi보다 해상도가 낮으면 화소수가 적어 이미지의 화질이 좋지 않고 더 높은 해상도를 사용하면 디스플레이에서 시각적인 차이는 별로 없으나 용량은 훨씬 커 웹 환경에서는 전송 속도가 느려지므로 보통 72ppi를 사용합니다.

인쇄용 해상도

인쇄용 그래픽은 종이와 천 등에 인쇄하므로 작업 시 물리적 단위인 cm나 mm를 사용하고 해상도는 dpi(dot per inch)로 나타냅니다. 인쇄된 잉크 점은 픽셀처럼 사각형이 아닌 동그란 원형 점(dot)으로 찍히고. 해상도 지표는 이 점의 개수를 말합니다. 선명한 화질로 인쇄하기에 적합한 이미지의 해상도 기준은 보통 300dpi입니다.

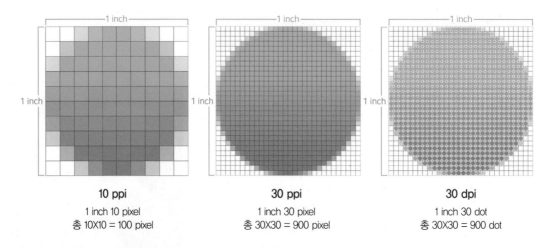

10 ppi
1 inch 10 pixel
총 10X10 = 100 pixel

30 ppi
1 inch 30 pixel
총 30X30 = 900 pixel

30 dpi
1 inch 30 dot
총 30X30 = 900 dot

★중요★ 이미지는 이용 매체에 따라 적절한 해상도가 다릅니다. 비트맵 방식에서는 나중에 해상도나 이미지 크기를 변경할 경우 픽셀의 개수도 조정되어 이미지 화질 저하가 생길 수 있으므로 처음부터 용도에 맞는 해상도를 지정하고 작업해야 합니다. 벡터 방식은 작업 시에는 해상도에 영향을 받지 않으나 jpg와 같은 비트맵 방식의 파일로 저장할 때는 적절한 해상도를 설정하고 저장합니다.

Ps 색상 모드

색은 3원색으로 구성되어 있고, 3가지 원색을 다양하게 혼합하여 여러 가지 색을 표현합니다.
그래픽이 표현되는 매체에 따라 원색도 다릅니다. 화면을 통해 보는 이미지는 RGB 색상 모드를 사용하고 인쇄되는 이미지는 CMYK 색상 모드를 사용합니다.

RGB 모드

웹에서 보는 이미지나 디지털카메라, 모바일로 촬영한 사진은 대부분 RGB 모드입니다. 빛의 3원색인 빨강(Red), 초록(Green), 파랑(Blue) 세 가지 색 빛의 혼합으로 표현됩니다. 빛에 의한 혼합 방식이기 때문에 색이 혼합될수록 밝아집니다. 세 가지의 원색 빛이 전혀 들어가 있지 않으면 검정이 되고 모든 원색을 혼합하면 가장 밝은색인 흰색이 되며, 이러한 방식을 가산 혼합이라고 합니다. 컴퓨터 모니터나 텔레비전, 모바일 화면 등에서 사용합니다.

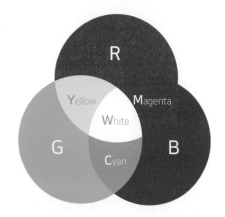

Red / Green / Blue

CMYK 모드

책, 포스터, 전단 등의 인쇄물은 대부분 CMYK 모드입니다. 염료의 3원색인 밝은 파랑(Cyan), 자주(Magenta), 노랑(Yellow)의 혼합으로 표현되는데, 색상 값이 없으면 아무것도 인쇄되지 않으므로 흰색이 되고 밝은 파랑, 자주, 노랑의 색을 모두 섞으면 검정이 됩니다. 이렇게 색을 혼합할수록 점점 어두워지고 검은색에 가까워지는 것을 감산혼합이라고 합니다. 인쇄용 색상 모드는 밝은 파랑, 자주, 노랑의 색을 모두 섞은 검정보다 선명하고 깨끗한 검정을 인쇄하기 위하여 세 가지 원색에 검정(Key=Black)을 더하여 CMYK 네 가지 원색을 사용합니다.

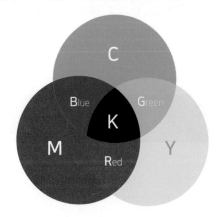

Cyan / Magenta / Yellow / BlacK

색의 3속성

색은 빛의 파장을 나타내는 색상(Hue), 밝고 어두운 정도를 나타내는 명도(Value), 색의 맑고 탁한 정도를 나타내는 채도(Chroma)의 세 가지 속성이 있습니다.

❶ 색상
스펙트럼이나 무지개에서 볼 수 있는 빨강, 주황, 노랑 등과 같은 색을 구별하는 특성을 말합니다.

❷ 명도
색상과는 관계없이 색의 밝고 어두운 정도를 말합니다. 명도가 가장 높은 색은 흰색이고 가장 어두운색은 검정입니다.

← 명도 높음　　　　　　　　　　　　　　　　　　　　　　　　　　명도 낮음 →

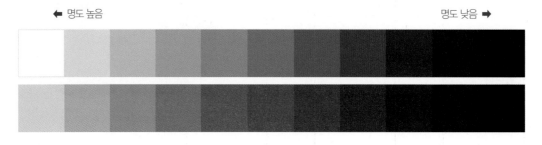

❸ 채도
색의 맑고 탁한 정도, 즉 색의 순수하고 선명한 정도를 나타내는 것으로 색상의 포함 정도를 말합니다. 다른 색이 섞이지 않은 가장 깨끗한 색감을 가지는 높은 채도의 색을 순색이라 하고 채도가 낮을수록 무채색에 가까워집니다.

← 채도 높음　　　　　　　　　　　　　　　　　　　　　　　　　　채도 낮음 →

★중요★ 이미지는 이용 매체에 따라 사용하는 원색이 다릅니다. 나중에 색상 모드를 변경할 경우 원색이 변경되어 색이 달라질 수 있으므로 처음부터 용도에 맞는 색상 모드를 지정하고 작업해야 합니다. 특히 화면에서 RGB 모드로 작업하고 인쇄하는 경우 화면으로 봤을 때보다 특정 색상의 채도나 명도가 많이 떨어질 수 있습니다.

Ps 이미지 파일 형식

이미지 파일 포맷(Image file formats)은 파일 형식에 따른 종류로, 디지털 화상을 저장하는 형식은 여러 가지가 있습니다. 각 형식의 특징을 이해하고 용도에 맞는 형식의 파일을 활용하도록 합니다.

비트맵 방식

❶ PSD

어도비 포토샵 원본 파일 형식으로 포토샵에서 모든 편집과 수정을 할 수 있는 파일입니다.

❷ JPG/JPEG

웹과 멀티미디어 환경에서 가장 널리 사용하고 있는 형식입니다. 손실 압축 기법을 사용하여 파일 용량을 많이 줄일 수 있지만, 압축률이 높을수록 이미지의 화질이 손상되는 단점이 있습니다. RGB 모드와 CMYK 모드 모두 지원하나 투명 이미지는 지원하지 않습니다.

❸ PNG

무손실 압축 방식으로 원본 화질의 손상 없이 파일의 크기를 줄여줍니다. JPG나 GIF보다 파일 용량은 크지만, 투명 이미지를 지원하기 때문에 웹에서 많이 사용되고 CMYK 색 공간을 지원하지 않아 인쇄용으로는 적합하지 않습니다.

❹ GIF

온라인 전송을 위해 만든 그래픽 형식으로, 무손실 압축 기술을 사용합니다. 8비트 256색만 지원하기 때문에 표현되는 색상 범위가 넓지 않아 간단한 도형, 로고, 일러스트처럼 색이 별로 필요 없는 이미지를 저장하는 데 적합하고 투명 이미지를 지원합니다. 애니메이션 효과로 움직이는 사진을 만들 수 있습니다.

❺ RAW

디지털 카메라의 이미지 센서로부터 최소한으로 처리하여 얻어진 원본 그대로의 정보를 가지고 있는 형식입니다. 압축되지 않거나 무손실 압축을 사용하므로 이미지를 원본 상태의 높은 화질로 사용한다는 장점이 있지만 그만큼 파일 용량이 큽니다.

벡터 방식

❶ AI

어도비 일러스트레이터 원본 파일 형식으로 일러스트레이터에서 모든 편집과 수정을 할 수 있는 파일입니다. 상위 버전에서 저장된 파일은 하위 버전의 일러스트레이터에서 열리지 않거나 편집이 안 될 수 있으므로 저장 시 버전을 선택하여 저장해야 합니다.

❷ SVG

2차원 벡터 그래픽을 표현하기 위한 XML 기반의 파일 형식으로, 웹에서 스크립트가 가능한 다목적 벡터 형식의 확장자입니다. 확대나 축소를 해도 픽셀이 깨지지 않고 화질이 유지되며 일러스트레이터 등의 벡터 드로잉 프로그램이나 메모장, 문서 편집기 등에서 작업할 수 있습니다.

복합 방식

❶ EPS

여러 형식의 그래픽을 하나의 형식으로 압축 저장합니다. 비트맵과 벡터 이미지를 동시에 저장할 수 있기에 포토샵에서는 비트맵 방식으로, 일러스트레이터에서는 벡터 방식으로 사용할 수 있습니다. CMYK 모드를 완벽하게 지원하여 주로 고품질의 출력과 인쇄 시에 사용하는 형식입니다.

❷ PDF

어도비 시스템즈에서 개발한 전자 문서 형식의 확장자입니다. 편집보다는 배포, 출판에 용이한 형식으로 다양한 프로그램과의 호환성이 매우 좋습니다. 어느 환경에서나 동일하게 파일을 나타내기 위해 개발되었기 때문에 어디서나 똑같이 볼 수 있는 다기능 문서 양식으로 일반 문서 및 도형, 그림 등을 포함할 수 있습니다.

Ps # 포토샵 새 기능

생성형 채우기 2023년 5월 릴리스(버전 24.5 Beta)

1 생성형 채우기 기능이 추가되어 [window]-[Contextual Task Bar]에서 간단한 텍스트 프롬프트를 사용해 비파괴적으로 이미지를 추가, 확장하거나 제거할 수 있습니다. 먼저 편집하고자 하는 부분을 선택 영역으로 지정합니다. 예시 이미지에서는 하늘 부분을 선택하였습니다. 선택 영역을 지정하면 Contextual Task Bar의 메뉴가 변경됩니다. [Generative Fill] 버튼을 누르고 프롬프트를 입력 합니다.

2 예시 이미지에서는 "구름을 추가해줘"라고 입력하였습니다. 프롬프트 입력 후 [Generate] 버튼을 눌러 적용합니다.

3 생성된 여러 이미지를 확인합니다.

1 Remove Tool J을 선택하고 필요 없는 영역을 드래그합니다. ⌈⌉, ⌊⌋단축키로 브러시 크기를 조절할 수 있습니다.

2 자연스럽게 주변 이미지가 채워지고 사람이 제거되었습니다.

개체 선택 도구 개선

1 개체 선택 도구가 하늘, 물, 건축물, 사람 같은 영역을 감지하고 선택하는 데 훨씬 더 향상되었습니다. 개체 위로 마우스를 가져가면 선택될 영역이 미리 감지됩니다. 클릭하여 선택 영역으로 변환합니다.

 ▶

2 추가하고자 하는 영역은 Shift를 누르고 클릭합니다.

원통형 변형 뒤틀기(Cylindrical Transform Warp)

2022년 6월 릴리스(버전 23.4)

1 변형할 개체를 선택하고 Ctrl+T를 눌러 Free Transform을 실행합니다. 상단 옵션바의 🔲(Warp Modes) 버튼을 누릅니다.

2 Warp 항목에서 맨 아래 Cylinder를 선택하고 각 조절 포인트를 드래그하여 원하는 위치와 방향으로 조절합니다.

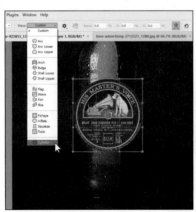 

3 Enter를 눌러 적용합니다. 쉽게 원통 형태에 맞추어 변형할 수 있습니다.

22

사진에서 하늘을 빠르게 선택하고 바꿀 수 있으며 새로운 하늘에 맞게 풍경 색상을 자동으로 조정할 수 있습니다.

1 하늘을 교체할 사진에서 [Edit]-[Sky Replacement] 메뉴를 클릭합니다. 대화상자가 열리면 섬네일 오른쪽의 메뉴 버튼을 눌러 대체할 하늘을 골라 선택합니다.

2 선택한 하늘이 자연스럽게 합성됩니다. 하늘의 일부분만 사용하거나 하늘 주위를 움직여 원하는 구름 또는 색상의 구성을 찾을 수도 있습니다. Sky Adjustments 항목에서 명도와 색온도 등을 조정하고 Foreground Adjustments 항목에서 전경을 조정합니다. 적용된 여러 조정값을 새 레이어로 생성하려면 하단의 Output 항목을 New Layer로 지정합니다.

3 Sky Replacement Group 폴더가 생성되며 그룹 내에서 변경 사항을 확인할 수 있습니다.

Illustrator와의 상호 작용 향상   2021년 10월 릴리스(버전 23.0)

일러스트레이터에서 복사한 오브젝트를 붙여넣을 때 레이어 옵션이 추가되어 일러스트레이터 내에서 작업한 레이어 설정 그대로 가져올 수 있습니다.

1 일러스트레이터에서 포토샵으로 가져올 오브젝트를 선택하고 복사 Ctrl + C 합니다.

2 포토샵에서 붙여넣기 Ctrl + V 합니다. 대화 상자의 Layer 항목에 체크합니다.

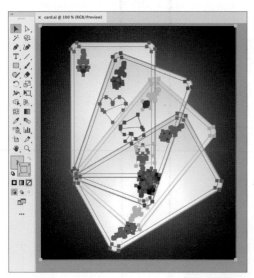

실전 예제로 배우는 포토샵

3 일러스트레이터에서 작업한 설정 그대로 레이어가 생성됩니다.

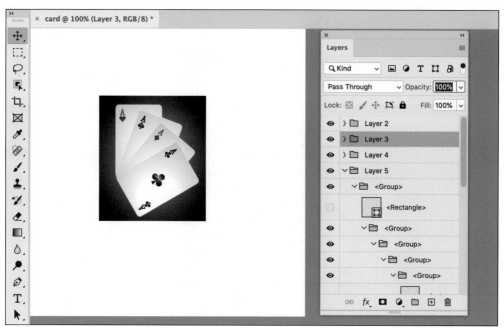

삼각형 도구(Triangle Tool)와 Live Corners widget 2021년 2월 릴리스(버전 22.2)

도형 도구Ⓤ에 삼각형△이 추가되었습니다. ▶패스 선택 도구Ⓐ로 path를 선택하면 일러스트레이터에서 처럼 ◉라이브 코너 위젯(Live Corners widget)이 활성화됩니다. 드래그하여 Corner Radius를 조절할 수 있습니다. 세부적인 사항은 옵션바 또는 Properties 패널에서 조정합니다.

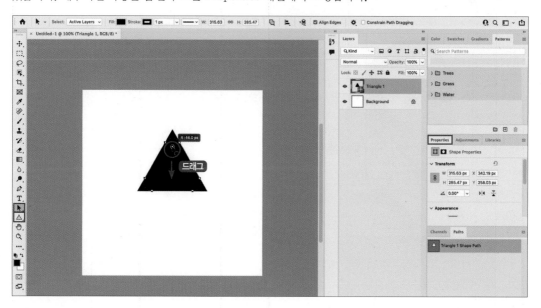

AI 기술을 기반으로 하는 신기능으로 인물의 표정 변경, 피부 보정, 메이크업을 수정하거나 추가하고 필터 라이브러리에서 다양한 스타일의 필터를 다운받아 적용할 수 있습니다.

1 [Filter]-[Neural Filters] 메뉴를 클릭합니다. 적용할 필터를 선택하고 다운로드합니다.

2 Smart Portrait 필터에서는 자연스럽게 웃는 얼굴을 만드는 등의 표정 변경이나 나이, 머리카락, 분위기 등을 조정할 수 있습니다. 각 필터의 오른쪽 활성화 버튼을 통하여 활성/비활성 합니다.

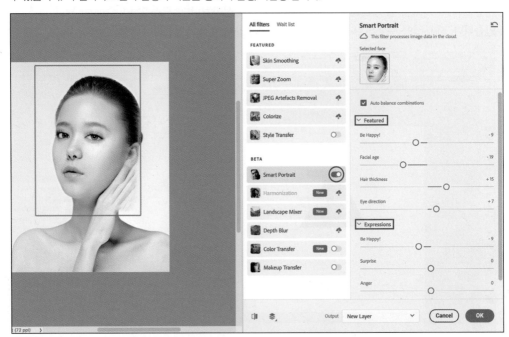

3 여러 필터를 동시에 적용할 수도 있습니다. Smart Portrait 필터 적용 후 Skin Smoothing 필터도 활성화 하여 피부를 보정합니다. 조정이 끝나면 하단 [OK] 버튼을 누릅니다.

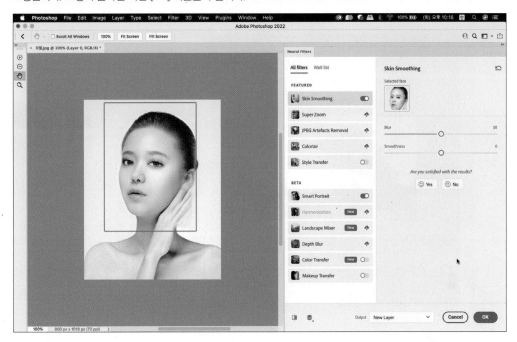

4 Neural Filter가 적용된 새 레이어가 생성됩니다.

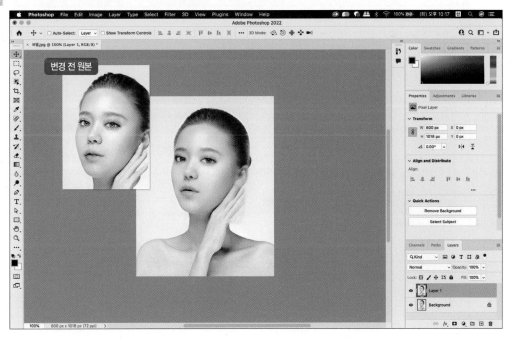

5 Style Transfer 필터를 적용하면 다양한 느낌의 아트웍을 만들 수 있습니다.

6 원하는 스타일을 선택하고 하위 메뉴에서 디테일과 명도, 채도 등을 조정합니다.

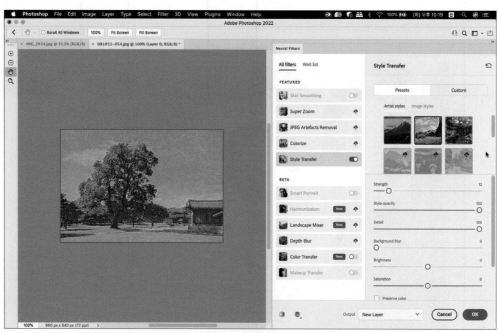

포토샵 시작하기

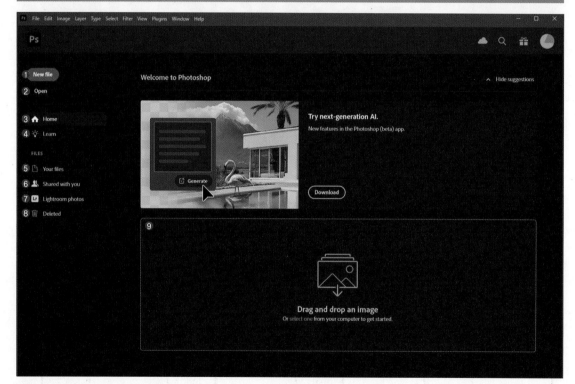

CHAPTER 01 Photoshop Interface

포토샵의 인터페이스는 사용자가 편의에 맞게 설정하여 사용할 수 있습니다. 작업이 익숙해지면 레이아웃을 변경하고 사용자만의 인터페이스를 구성하여 사용합니다.

포토샵 CC 2024 홈 화면

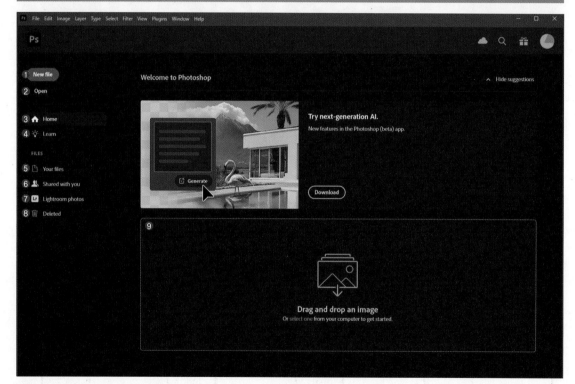

❶ **New file** : 사용자가 설정하여 새 작업 문서를 만듭니다.

❷ **Open** : 이미지 등 여러 파일을 불러옵니다.

❸ **Home** : 포토샵 실행 후 가장 먼저 표시되는 시작 화면으로 파일을 열거나 새로운 문서(도큐멘트)를 만드는 홈 화면입니다.

> **TIP** CC2017 이전 버전처럼 홈 화면 없이 바로 기본 화면으로 설정하려면 메뉴바에서 [Edit]-[Preferences]-[General] 대화상자의 [Auto show the Home Screen] 항목을 체크 해제합니다. 다음 실행부터 홈 화면이 나타나지 않습니다.

❹ **Learn** : 포토샵의 기능을 동영상으로 배울 수 있습니다.

❺ **Your files** : 클라우드에 저장된 나의 파일을 불러옵니다.

❻ **Shared with you** : 클라우드를 통하여 다른 사람과 공유합니다.

❼ **Lightroom photos** : 어도비 라이트룸과 연동되어 라이트룸에서 보정한 이미지를 포토샵으로 불러와 추가 보정을 하거나 편집할 수 있습니다.

❽ **Deleted** : 클라우드의 휴지통을 확인합니다.

❾ **Recent** : 최근에 불러왔거나 저장하였던 파일이 표시됩니다. 클릭하여 다시 불러올 수 있습니다.

 Drag and drop an image : 파일을 드래그하여 끌어다 놓으면 파일이 열립니다.

포토샵 CC 2024 기본 화면

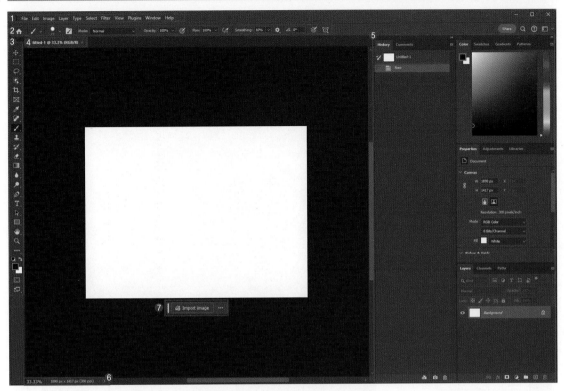

❶ **메뉴바** : 기능별로 나누어 놓은 메뉴입니다. 포토샵 기능 선택 및 설정 등을 할 수 있습니다.

❷ **옵션바** : 도구 박스에서 선택한 도구의 세부 옵션을 설정하는 영역입니다. 옵션바가 없을 경우 메뉴바 [Window]-[Options]를 클릭합니다.

❸ **도구 박스(툴 박스)** : 각각 다른 기능을 하는 도구(툴)들이 모여 있습니다. 펼침 ▶▶, 접힘 ◀◀ 버튼을 눌러 도구 박스 크기를 조절 할 수 있습니다. 도구 박스가 없을 경우 메뉴바 [Window]-[Tools]를 클릭합니다.

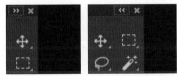

▲ 한 칸   ▲ 두 칸

❹ **파일 탭** : 파일의 이름, 확대/축소 비율, 색상 모드의 기본 정보가 표시되고 작업화면을 이동하거나 파일을 닫을 수 있습니다.

❺ **패널** : 이미지 편집 작업을 위한 독립된 창으로 도구별 상세 옵션을 설정하거나 개별 특정 기능을 합니다. 모든 패널은 [Window] 메뉴에 있고 클릭하여 화면에 활성화 하거나 비활성화 합니다. 패널의 탭을 드래그 하여 사용자가 위치를 변경할 수 있습니다.

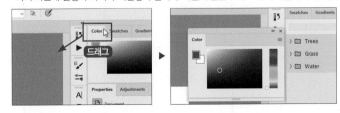

❻ **상태 표시줄** : 작업 중인 파일의 확대/축소 비율과 이미지 크기, 해상도를 표시합니다.

❼ **Contextual Task Bar** : 작업에 필요한 도구를 제안합니다. 프롬프트를 사용해 비파괴적으로 이미지를 추가, 확장하거나 제거할 수 있습니다. 필요 없다면 메뉴버튼(•••)을 누르고 Hide Bar를 클릭하여 비활성화하고 필요시 [Window]-[Contextual Task Bar] 메뉴에서 다시 활성화 합니다.

포토샵 CC 2024 화면 설정 변경하기

인터페이스 색상 바꾸기

1 메뉴바에서 [Edit]-[Preferences]-[Interface]를 선택합니다. 단축키 Ctrl + K

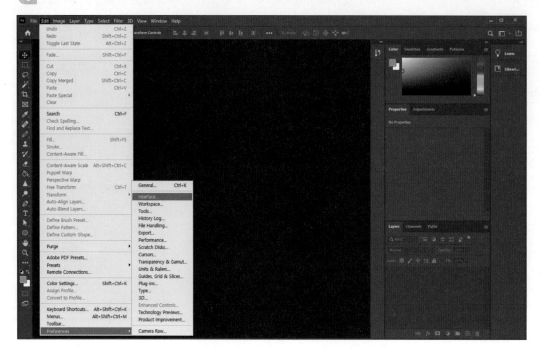

2 [Preferences] 대화상자의 [Color Theme] 항목에서 인터페이스 색상을 변경합니다.

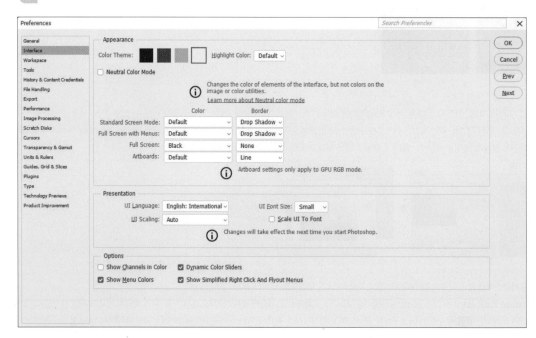

작업환경 설정

1 [Window]–[Workspace] 메뉴에서 작업 분야별 작업환경을 선택하거나 사용자가 직접 자주 사용하는 도구와 패널을 선정하고 위치를 구성하여 새 레이아웃을 만들고 저장할 수 있습니다. 기본 작업환경으로 설정하려면 [Essentials(Default)]를 선택합니다.

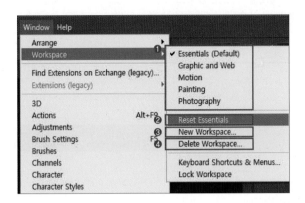

❶ 분야별로 설정된 작업환경을 선택합니다.

❷ **Reset Workspace** : 현재 사용하고 있는 작업환경을 초기화합니다.

❸ **New Workspace** : 현재 설정된 작업환경을 저장합니다.

❹ **Delete Workspace** : 선택된 작업환경을 삭제합니다.

2 작업화면에 필요 없는 패널은 패널 상단 ❶ 접힘 ▶▶ 버튼을 눌러 축소하거나 ❷ 메뉴 표시 ▤ 버튼을 눌러 [Close] 합니다.

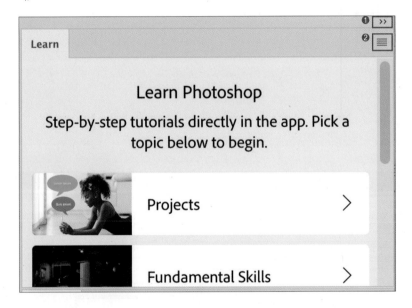

• 처음에는 기본 작업환경에서 작업하고, 작업이 익숙해지면 자주 사용하는 패널과 도구 위주로 레이아웃을 변경하여 나만의 작업환경을 만든 뒤 [New Workspace] 메뉴로 저장하여 사용합니다.

CHAPTER

02

파일 관리하기

File 메뉴에는 파일을 열고, 닫고, 다양한 방식으로 저장하는 기능들이 있습니다. 파일 관리는 그래픽 작업의 기본이므로 잘 숙지하고, 파일들은 작업별로 분리하여 보기 좋게 정리해 두는 것이 좋습니다.

파일 메뉴 주요기능

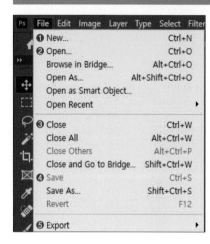

❶ **New** : 새 문서 만들기 단축키 Ctrl+N
❷ **Open** : 파일 불러오기 단축키 Ctrl+O
❸ **Close** : 선택된 파일 닫기 단축키 Ctrl+W / **Close All** : 모든 파일 닫기
❹ **Save** : 저장 단축키 Ctrl+S / **Save As** : 다른 이름으로 저장
❺ **Export** : 내보내기. Save 메뉴 외에 다른 프로그램에서 사용할 수 있는 다양한 형식으로 저장

새 문서 만들기

[File]-[New] 메뉴에서 새로운 문서(도큐멘트)를 만들 수 있습니다. 단축키 Ctrl+N

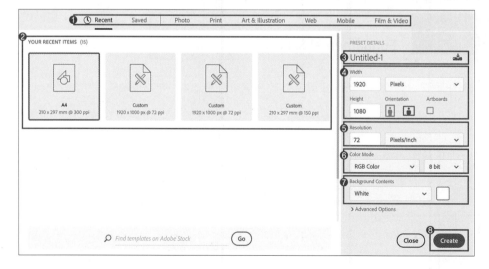

실전 예제로 배우는 포토샵

❶ 문서의 규격을 선택합니다. 인쇄용이나 화면용 등 용도에 맞는 규격을 선택할 수 있습니다.

❷ 이전에 사용했던 규격이 표시됩니다. 클릭하면 그대로 설정됩니다.

❸ 문서의 이름을 입력합니다.

❹ 문서의 너비(Width), 높이(Height) 값과 단위, 문서의 방향을 설정합니다. 주로 화면용 문서는 [px], 인쇄용 문서는 [mm] 단위를 사용합니다.   • Artboards 항목 박스에 체크하면 하나의 작업 문서에 여러 개의 대지를 만들 수 있습니다.

❺ 해상도를 설정합니다. 화면용은 [72ppi], 인쇄용은 [150~300ppi]로 설정합니다.

❻ 색상 모드를 설정합니다. 화면용은 [RGB Color], 인쇄용은 [CMYK Color]로 설정합니다.

★중요★ 해상도와 색상 모드는 잘못 설정할 경우 좋지 않은 화질로 인쇄되거나 의도치 않은 색상으로 표현될 수 있으므로 꼭 용도에 맞는 설정을 해야 합니다. 자세한 내용은 14~15p를 참고합니다.

❼ 배경 색상을 설정합니다. [White]로 설정하면 흰색 픽셀이 채워집니다.

       • 픽셀이 채워지지 않은 투명한 문서를 만들 경우 [Transparent]로 설정합니다.

❽ 설정을 다 마쳤다면 [Create]를 눌러 문서를 만듭니다.

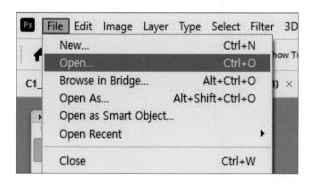

파일 열기

[File]-[Open] 메뉴에서 열고자 하는 파일을 선택하여 불러옵니다. 단축키 Ctrl+O

       • 이미지 크기와 해상도는 [Image]-[Image Size] 메뉴에서 확인합니다.

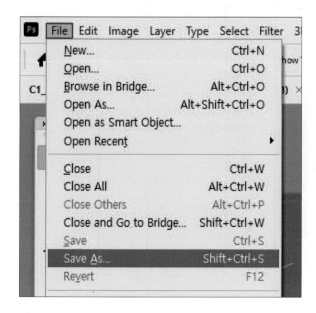

파일 저장

원본 파일을 저장할 때는 메뉴바의 [File]-[Save] 단축키 Ctrl+S, 새로운 파일로 다시 저장할 때는 [File]-[Save As] 단축키 Ctrl+Shift+S 대화상자에서 저장할 파일 형식을 선택하여 저장합니다.

이미지 파일로 저장할 때는 [File]-[Export]-[Export As] 대화상자에서 저장할 파일 형식을 선택하여 저장합니다.

       • 자세한 파일 형식은 17p를 참고합니다.

파일 닫기

메뉴바의 [File]-[Close]를 클릭하거나 파일 탭의 ⊠ 버튼을 눌러 닫습니다. 단축키 Ctrl+W 저장할 경우 닫기 전에 먼저 [File]-[Save As] 메뉴에서 저장합니다.

화면 확대와 축소

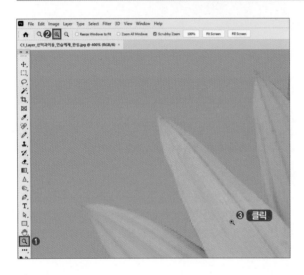

1 도구 박스에서 🔍 돋보기 도구(Z)를 선택합니다.

2 옵션바에서 🔍 Zoom In을 선택하고 화면을 클릭하면 확대되고, 🔍 Zoom Out을 선택하고 화면을 클릭하면 축소됩니다.

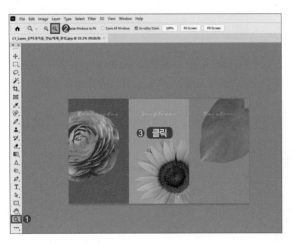

3 그 외에도 다양한 확대/축소 방법이 있습니다.
Alt 키를 누르고 마우스 스크롤을 위아래로 굴리면 화면 확대와 축소를 할 수 있습니다.
단축키 Ctrl++(더하기 키) : 확대
단축키 Ctrl+-(빼기 키) : 축소
단축키 Ctrl+1 : 100% 원본 크기로 보기
단축키 Ctrl+0 : 작업 창의 크기에 맞춰 보기

화면 이동

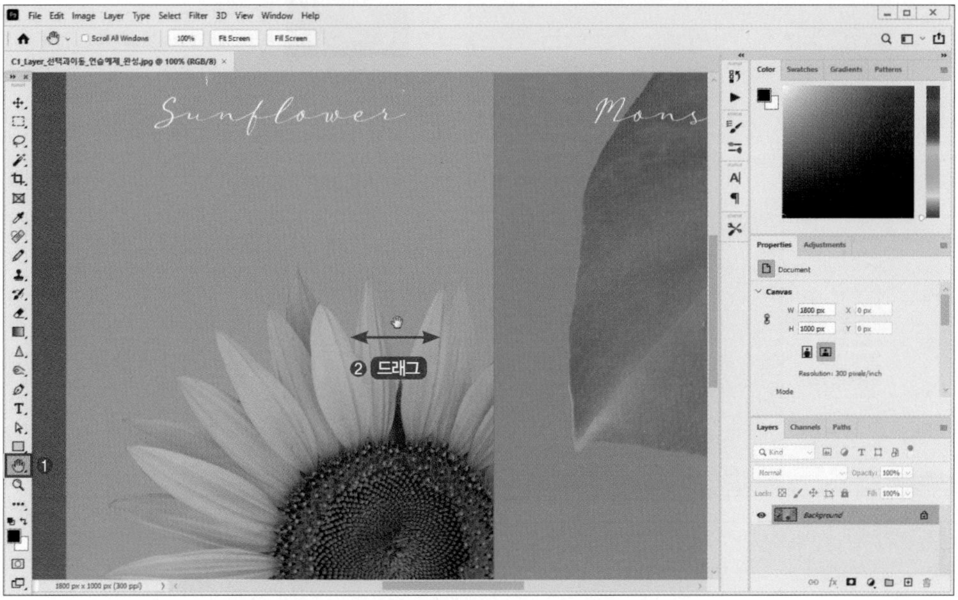

1 화면이 확대된 상태에서 도구 박스의 손 도구H를 선택합니다. 화면을 드래그하여 이동합니다.

2 손 도구H를 선택하지 않아도 언제든지 Space Bar키를 누르면 잠시 손 도구가 됩니다. 키를 누르고 있는 상태에서 화면을 드래그하여 이동합니다.

전체 화면 보기

도구 박스의 제일 아래에 있는 아이콘은 전체 화면 보기 모드입니다. 단축키 F를 누르면 전체 화면 모드로 전환되고 패널이나 도구 박스가 나타나지 않습니다. 키보드의 Tab키도 비슷한 기능을 합니다.

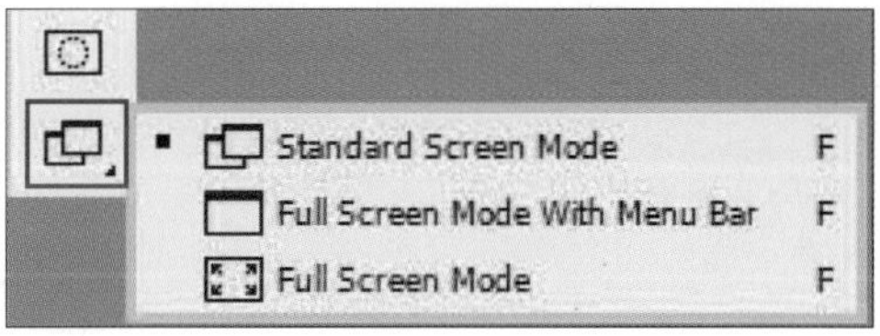

작업 내역 설정

★중요★ 작업은 작업 내역(History) 패널에서 확인할 수 있고 실행 취소(Undo: 단축키 Ctrl+Z) 또는 재실행(Redo: 단축키 Ctrl+shift+Z)을 할 수 있습니다. • 이전 버전에서의 실행 취소는 단축키 Alt+Ctrl+Z를 사용합니다.

이전 작업은 설정되어있는 개수만큼 저장되기 때문에 미리 [Edit]-[Preferences]-[Performance] 메뉴의 [History State] 항목에서 필요에 따라 저장 상태 수를 100~300개 정도 설정합니다. 저장 상태 개수가 많을수록 많은 메모리가 필요합니다.

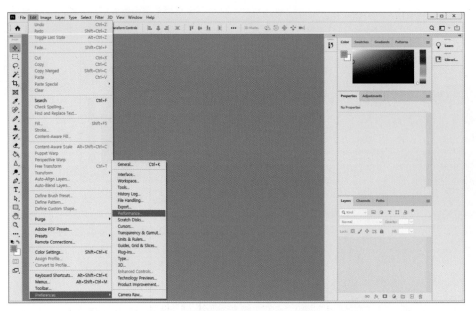

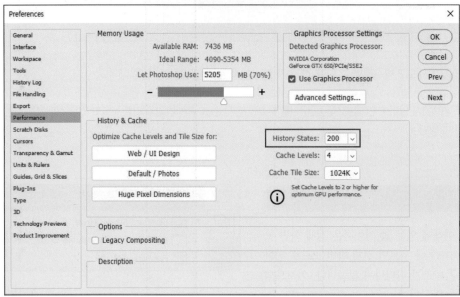

단축키 사용

단축키는 많은 메뉴와 도구들을 빠르게 사용하기 위해 설정되어 있으므로 작업 시간을 단축시킬 수 있어 자주 사용하는 단축키들은 외워두고 손에 익히는 것이 좋습니다. 알파벳으로만 설정된 도구 단축키들은 [한/영]키 사용이 한글로 되어있을 경우 알파벳이 아닌 한글이 입력되어 단축키 기능이 적용되지 않습니다. 그럴 때는 [한/영]키를 눌러 영어로 변환합니다.

CHAPTER 03

레이어의 이해

포토샵은 작업물이 한 층 한 층 쌓여 하나의 작업화면이 구성되는 구조로 만들어져 있습니다. 이를 레이어(Layer)라고 하며 레이어를 잘 이해하는 것이 포토샵 활용의 첫 번째 단계입니다. 레이어는 투명한 종이를 여러 장 겹쳐 놓은 것과 같습니다. 레이어를 사용하여 이미지 합성, 이미지에 텍스트 추가 또는 벡터 그래픽 모양 추가 등의 여러 가지 작업을 수행합니다. 개별 작업이 필요하면 반드시 레이어를 분리하여 작업해야 합니다.

▲ 실제 작업 화면

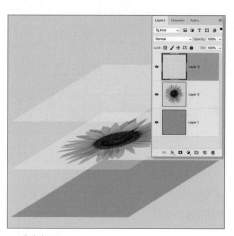

▲ 레이어 구조

✎ 레이어(Layers) 패널

❶ 블렌드 모드 : 하위 레이어와의 혼합 모드를 설정합니다.
  • 혼합 모드에 관한 자세한 내용은 Part 12의 혼합 모드를 참고합니다.

❷ Opacity : 레이어의 불투명도를 조절합니다. 0%에 가까울수록 레이어가 투명하게 처리됩니다.

❸ 가시성 버튼 : 눈 모양 아이콘이 켜져 있으면 레이어가 활성화되고 클릭하여 아이콘을 없애면 레이어가 비활성화 됩니다.

❹ 섬네일(축소판) : 레이어의 내용을 작게 축소하여 나타냅니다.

❺ 레이어 이름 : 이름 부분을 더블클릭하면 이름을 변경할 수 있습니다.

❻ 잠금 버튼 : 백그라운드 레이어는 편집할 수 없는 상태로 잠겨있고 자물쇠 모양을 클릭하면 잠금이 해제됩니다.

❼ Delete layer : 선택한 레이어를 삭제합니다. Delete 키를 눌러도 레이어가 삭제됩니다.

❽ Create a new layer : 새로운 빈 레이어를 만듭니다.

★중요★ 개별 작업이 필요한 경우 반드시 새 레이어를 만들어 작업합니다. 단축키 Alt + Ctrl + Shift + N

❾ Create a new group : 새로운 그룹을 만들고 레이어들을 그룹 안에 드래그하여 넣어 정리합니다. 레이어가 많아질수록 그룹으로 묶어 잘 분리해두는 것이 좋습니다.

❿ Link layers : 레이어를 두 개 이상 선택하고 버튼을 누르면 선택한 레이어들이 연결되어 변형, 이동 등이 함께 적용됩니다. 연결을 해제할 때는 버튼을 다시 누릅니다.

레이어 선택과 이동

1 Ctrl + O 를 눌러 교재 예제 폴더에서 [Part1]–[Layer_선택과이동.psd] 파일을 불러옵니다.

2 ❶ 도구 박스의 제일 위에 있는 ⊕ 이동 도구 V 를 선택합니다. ❷ 레이어 패널에서 먼저 어떤 레이어를 이동할지 클릭하여 선택한 뒤, ❸ 작업화면에서 해당 레이어를 드래그하여 자유롭게 위치를 변경합니다. (작업화면을 벗어나는 레이어의 영역은 화면에 보이지 않습니다.)

3 레이어의 계층 순서는 레이어 패널에서 해당 레이어를 선택하고 위아래로 드래그하여 변경합니다.

한 단계 아래로 이동 : 단축키 Ctrl + [ ]   제일 아래로 이동 : 단축키 Ctrl + Shift + [ ]

한 단계 위로 이동 : 단축키 Ctrl + [ ]   제일 아래로 이동 : 단축키 Ctrl + Shift + [ ]

레이어 중복선택

여러 개의 레이어 선택 시 Shift 키를 누르고 두 레이어를 선택하면 그 사이의 모든 레이어들이 중복으로 선택되고 Ctrl 키를 누르고 선택하면 사이에 있는 레이어들은 상관없이 선택한 레이어만 각각 개별로 중복선택이 됩니다.

• 섬네일에서 마우스 우클릭하여 사용자의 편의에 맞게 섬네일의 크기와 유형을 선택합니다. [Clip Thumbnails to Layer Bounds] 항목은 투명 영역을 제외한 레이어 안에 있는 내용만 나타내고 [Clip Thumbnails to Document Bounds] 항목은 문서 크기의 레이어 전체 영역을 나타냅니다.

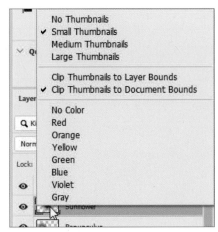

▲ 섬네일 우클릭 메뉴

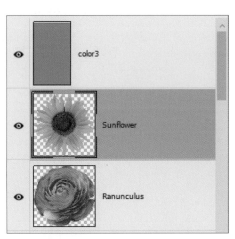

▲ [Large Thumbnails], [Clip Thumbnails to Layer Bounds] 선택

레이어 메뉴

레이어를 선택하고 패널에서 마우스 우클릭하여 레이어 메뉴를 실행합니다.

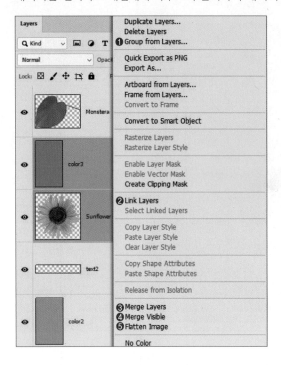

❶ **Group from Layers** : 선택한 레이어들을 새 그룹으로 만듭니다.

❷ **Link Layers** : 선택한 레이어들을 연결합니다.

❸ **Merge Layers** : 선택한 레이어들을 한 장으로 병합합니다. 단축키 Ctrl + E

❹ **Merge Visible** : 가시성 버튼이 켜져 있는 레이어들만 모두 한 장으로 병합합니다.

❺ **Flatten Image** : 모든 레이어를 한 장으로 병합합니다.

★중요★ 레이어를 병합한 뒤에는 작업 내역을 취소하지 않는 이상 다시 원래대로 분리하기 어려우므로 주의합니다.

CHAPTER 04

이동 도구

| Move Tool |

레이어를 선택하고 움직이는 가장 기본적인 도구입니다. 단축키 V

도구에 마우스를 대면 간단한 도구 설명이 나타납니다. 도구 아이콘 하단에 작은 삼각형이 있는 경우 숨겨진 도구가 있습니다. Alt 키를 누르고 아이콘을 클릭하면 다음 도구로 바뀝니다. 도구 아이콘을 길게 꾹 누르거나 마우스 오른쪽 버튼을 클릭하면 숨겨진 도구를 모두 확인하고 선택할 수 있습니다. 이동 도구는 아트보드 도구와 함께 있습니다.

📁 [Part1]-[Layer_선택과이동.psd]

1 ⊕ 이동 도구 V 를 선택합니다.
레이어 패널에서 이동할 레이어를 먼저 선택하고 작업 화면에서 드래그하여 이동합니다.
Shift 키를 누른 상태에서 드래그하면 수직, 수평, 45° 대각선을 유지하여 이동합니다.

2 Alt 키를 누르고 드래그하면 레이어가 복제됩니다.

3 단축키 Ctrl + J 를 눌러도 레이어가 복제됩니다.

4 레이어를 레이어 패널 하단 새 레이어 ⊞버튼까지 끌어 당겨 드래그했다가 마우스를 놓아도 레이어가 복제됩니다.

5 메뉴바의 [File]–[Close]를 클릭하거나 파일 탭의 닫기 ⊠버튼을 눌러 닫습니다. 단축키 Ctrl+W 저장할 경우 닫기 전에 먼저 [File]–[Save As] 메뉴에서 저장합니다.

✐ 이동 도구 옵션

❶ **Auto–Select(자동 선택) :** 체크 박스에 체크하면 작업화면에서 클릭하는 기준으로 레이어가 자동 선택됩니다. 체크 해제하면 작업화면에 서의 클릭과는 관계없이 레이어 패널에서 선택된 레이어가 이동합니다. 체크 해제된 상태에서는 Ctrl 키를 누르고 작업화면을 클릭하면 레이어를 자동 선택할 수 있습니다.

❷ **선택 기준 :** [Layer] 그룹과는 관계없이 개별 레이어를 기준으로 선택합니다. [Group] 선택한 레이어를 포함하고 있는 그룹을 선택합니다.

❸ **Show Transform controls :** 체크하면 선택한 레이어를 변형하는 조절 박스인 바운딩 박스(Bounding box)를 작업화면에 표시합니다. 박 스의 조절점을 드래그하여 크기 변형과 회전을 할 수 있습니다. 작업 시 변형이 필요하지 않아도 항상 바운딩 박스가 표시되어 시각적으 로 불편할 수 있으므로 체크 해제하고 필요할 때만 체크하여 사용합니다. • 변형에 관한 상세한 내용은 75p를 참고합니다.

❹ **레이어 정렬**

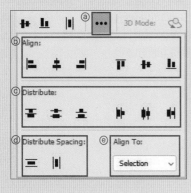

ⓐ 버튼을 누르면 숨겨진 옵션이 열립니다.

ⓑ **Align :** 여러 레이어의 개체 정렬. 왼쪽부터 차례로 [왼쪽 가장자리], [수평 중앙], [오른 쪽 가장자리], [위쪽 가장자리], [수직 중앙], [아래쪽 가장자리]의 픽셀이나 선택 영역 테 두리를 기준으로 레이어를 한쪽으로 이동하여 정렬합니다.

ⓒ **Distribute :** 균등하게 레이어 및 그룹 분포. 레이어를 세 개 이상 선택합니다. 왼쪽부 터 차례로 각 레이어의 [위쪽 가장자리], [수직 중앙], [아래쪽 가장자리], [왼쪽 가장자리], [수평 중앙], [오른쪽 가장자리]의 픽셀부터 시작하여 레이어를 균일한 간격으로 분포시 킵니다.

ⓓ **Distribute Spacing :** 균등하게 간격 분산. 정렬 기준을 레이어의 상, 하, 좌, 우, 중앙에 두지 않고 레이어 간의 사이 간격만을 기준으로 [세로 간격], [가로 간격]을 고르게 분산 시킵니다.

ⓔ **Align To(정렬 대상) :** [Selection]은 선택한 레이어들의 내용을 기준으로 정렬하고 [Canvas]는 문서 영역 전체를 기준으로 정렬합니다.

다른 문서로 복제

단축키 사용

1 Ctrl+O를 눌러 교재 예제 폴더의 [Part1]–[이동1.jpg] 파일과 [이동2.jpg] 파일을 엽니다.

2 [이동1.jpg]의 작업화면에서 단축키 Ctrl+A를 눌러 전체 선택하고 Ctrl+C를 눌러 복사합니다. [이동2.jpg]의 파일 탭을 클릭하여 선택하고 Ctrl+V를 눌러 붙여넣습니다.

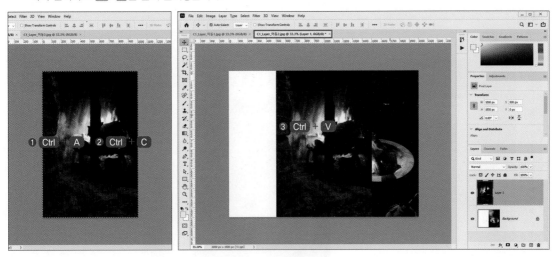

도구 사용

• 이전 작업에서 설정한 선택 영역이 남아있다면 단축키 Ctrl+D를 눌러 선택 영역을 해제합니다.

1 이동 도구(V)를 선택하고 [이동1.jpg]의 작업화면을 클릭한 뒤 마우스를 놓지 않고 드래그하여 [이동2.jpg]의 파일 탭까지 끌어당깁니다.

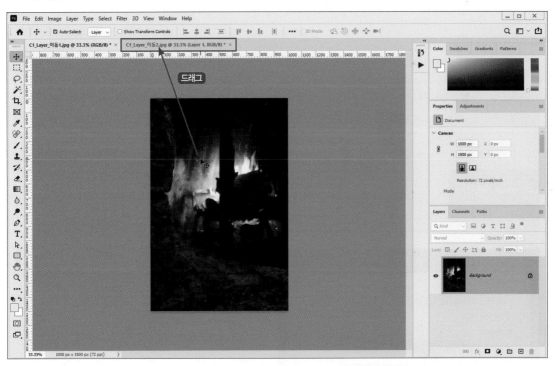

2 [이동2.jpg]의 작업화면으로 변환될 때까지 마우스를 놓지 않고 클릭을 꾹 유지한 채로 기다렸다가 [이동2.jpg]의 작업화면
안쪽까지 드래그한 뒤 마우스를 놓습니다.

레이어 패널 메뉴 사용

1 레이어에서 마우스 우클릭 하여 [Duplicate Layer] 메뉴
를 선택합니다.

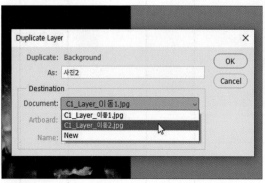

2 대화상자가 열리면 [As] 항목에서 레이어의 이름을 입
력하고 [Destination] 항목에서 레이어를 복제할 문서를
선택합니다. [OK]를 눌러 복제합니다.

• Duplicate Layer 메뉴는 여러 개의 레이어를 선택하여 복제할 수 있어
복수의 레이어를 복제할 때 유용한 기능입니다.

3 [이동2.jpg] 파일 탭을 클릭하여 확인하고 메뉴바의 [File]-[Save as] 대화상자에서 저장할 파일 형식을 선택하여 저장합니다. 단축키 Ctrl+Shift+S

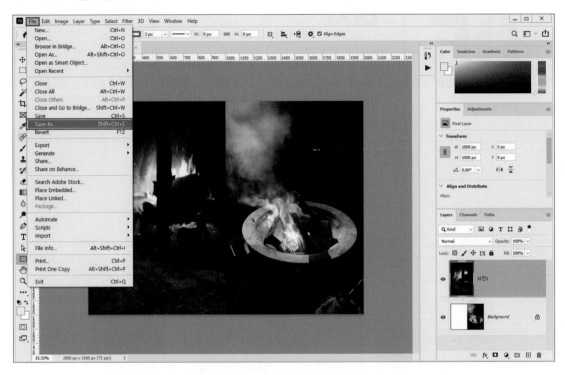

투명 격자(Transparency Grid)

포토샵에서는 아무 내용이 없는 레이어나, 투명한 화면을 다음과 같은 격자로 표시합니다. 새 레이어는 기본적으로 아무것도 없는 빈 레이어로 만들어집니다.

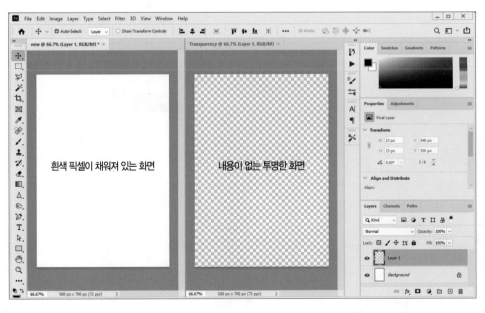

CHAPTER
05

대지

| Artboard |

대지는 한 문서 안에 나누어진 작업 영역입니다. 문서를 처음 만들 때 문서의 대지 수를 지정할 수 있으며 문서에서 작업하는 동안 언제든지 추가하거나 제거할 수 있습니다. 대지 도구를 사용하여 크기를 조정한 다음 사용자가 원하는 곳에 배치할 수 있습니다. 대지는 독립된 영역으로 작업할 수 있고 각각 개별 파일로 저장할 수 있어 웹 디자인, 애플리케이션 디자인 등에서 다양한 항목을 만드는 데 유용합니다.

📁 [Part1]-[대지.psd]

1️⃣ ⊕이동 도구(V)에서 마우스 우클릭을 하여 ⊡대지 도구(Artboard Tool)(V)를 선택합니다. Artboard3의 탭을 클릭하면 대지를 추가할 수 있는 버튼이 표시됩니다. 오른쪽 방향의 추가 버튼 ⊕을 클릭하여 대지를 추가합니다. (옵션바에서 수치를 입력하고 추가버튼 ⊡을 누르거나 작업화면에서 드래그를 하여도 대지를 추가할 수 있습니다.)

 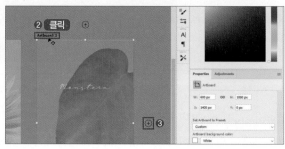

2️⃣ Artboard4가 추가되었습니다. ⊕이동 도구(V)로 레이어패널에서 Artboard3의 [Monstera] 레이어를 드래그하여 Artboard4로 이동합니다.

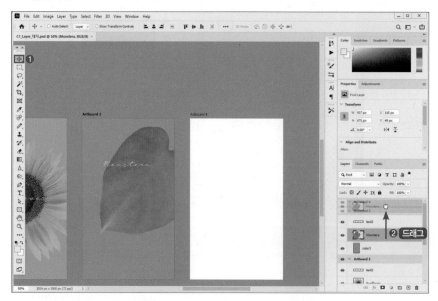

3 [Monstera] 레이어가 Artboard4로 이동하였습니다. 대지를 개별로 저장하기 위해 [File]–[Export]–[Artboards to files] 메뉴를 클릭합니다. 저장 경로를 지정하고 파일 이름을 입력한 뒤 하단 파일 타입에서 파일 형식을 jpg로 선택하고 [Run] 버튼을 클릭합니다.

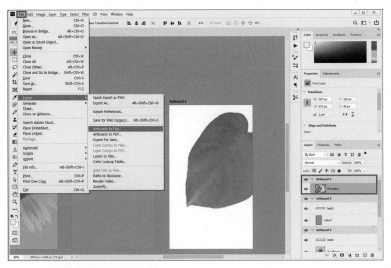

4 저장 경로에서 개별로 저장된 파일을 확인합니다. • [File]–[Export]–[Export As] 메뉴에서도 개별 저장을 할 수 있습니다.

불투명도

레이어의 불투명도를 조절하여 투명하게 표현하려면 레이어를 선택하고 패널 상단 Opacity: 100% ∨ Opacity 항목을 조정합니다.

Ranunculus

Sunflower

Monstera

🖥 자율 예제 | 📁 [Part1]-[Layer_선택과이동.psd]

- 완성작을 참고하여 이동 도구로 자유롭게 레이아웃을 조절하고 다양한 형식의 파일로 저장해봅니다.

실전 예제로 배우는
포토샵

선택 영역

CHAPTER 01

선택 윤곽 도구

| Marquee tool |

작업할 이미지에서 사각형, 원형으로 원하는 부분만 선택하는 도구입니다. 단축키 M

사각형 선택 윤곽 도구(Rectangular Marquee Tool)

도구 아이콘을 길게 꾹 누르거나 마우스 오른쪽 버튼을 누르면 숨겨져 있는 도구가 나타납니다. Alt 키를 누르고 아이콘을 클릭하여도 숨겨진 도구가 선택됩니다.

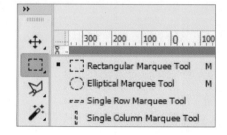

1 Ctrl+O를 눌러 교재 예제 폴더의 [Part2]-[사각형선택.jpg] 파일을 엽니다.

2 사각형 선택 윤곽 도구로 작업화면을 드래그하여 사각형 영역을 선택합니다. 드래그 할 때 Shift 키를 누르면 정사각형 영역으로 선택되고, Alt 키를 누르면 클릭한 부분을 영역의 중앙으로 설정합니다.

3 단축키 Ctrl+J를 누르면 선택된 영역만큼 레이어가 복제됩니다.

원형 선택 윤곽 도구(Elliptical Marquee Tool)

원형으로 선택 영역을 지정합니다. 사용 방법은 사각형 선택 윤곽 도구와 동일합니다.

단일 행 선택 도구(Single Row Marquee Tool)

작업화면을 클릭하면 가로로 1px 영역이 선택 됩니다.

단일 열 선택 도구(Single Column Marquee Tool)

작업화면을 클릭하면 세로로 1px 영역이 선택 됩니다.

🖉 선택 윤곽 도구 옵션

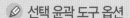
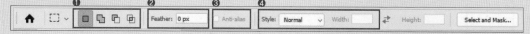

❶ 선택 영역 더하기/빼기 : 🔲 새로운 선택 영역을 지정하고, 🔳 선택 영역을 더하고(단축키 Shift), 🔳 선택 영역을 제외하고(단축키 Alt), 🔳 교차 된 선택 영역만 남깁니다.(단축키 Alt + Shift) 각 아이콘을 선택하지 않아도 해당 단축키를 누르고 드래그하면 기능이 활성화 됩니다.

❷ Feather : 입력한 수치만큼 선택 영역 가장자리를 점점 투명하게 처리하여 부드럽게 표현합니다.

❸ Anti-alias : 픽셀 가장자리 앨리어스 현상을 방지합니다.   • 자세한 사항은 61p 설명을 참고합니다.

❹ Style : [Normal] 자유 선택 / [Fixed Ratio] 비율 고정 / [Fixed Size] 너비와 높이 크기 지정

◎ 원형 선택 윤곽 도구 Ⓜ를 활용하여 간단한 합성을 해봅니다.

■ [Part2]–[컵.jpg], [하늘.jpg]

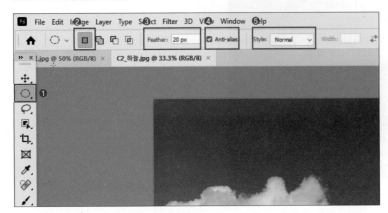

1 [하늘.jpg] 파일 탭을 클릭하고 원형 선택 윤곽 도구의 옵션바 [Feather] 항목에 20px을 입력합니다.

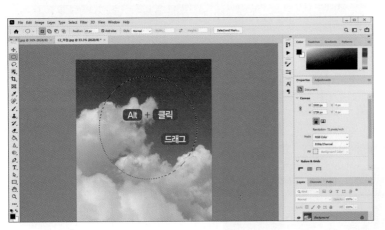

2 작업화면 중앙에서 Alt 키를 누르고 클릭 드래그 하여 선택 영역을 지정합니다. 정 원형 영역을 선택할 시에는 Shift 키도 같이 누릅니다.

3 Ctrl+C로 복사한 뒤 [컵.jpg] 파일에 Ctrl+V로 붙여넣습니다. Feather 값에 의해 가장자리가 점점 투명해져 부드럽게 표현된 것을 확인합니다.

4 하늘을 컵 크기에 맞추기 위해 단축키 Ctrl + T 로 [Free Transform]을 활성화하고 바운딩 박스의 조절점을 드래그하여 크기를 조절한 뒤 Enter 키를 눌러 적용합니다.

• 변형에 관한 자세한 내용은 75p를 참고합니다.

5 붙여 넣은 구름 레이어를 패널에서 더블클릭하여 레이어 스타일을 열고 [Inner Shadow] 항목을 선택하여 상세 수치를 조절한 뒤 [OK]를 눌러 구름 내부에 그림자를 적용합니다.

• 레이어 스타일에 관한 자세한 내용은 Part 13의 레이어 효과 및 스타일을 참고합니다.

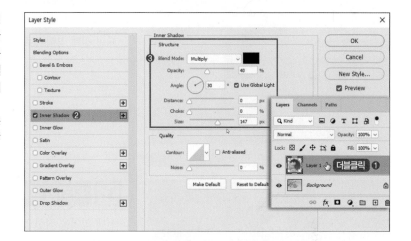

6 내부그림자가 적용되어 컵과 하늘이 더욱 자연스럽게 합성되었습니다.

올가미 도구

| Lasso Tool |

마우스를 자유롭게 드래그 하여 영역을 선택하는 도구입니다.
단축키 L

■ [Part2]-[입간판.jpg]

♀ 올가미 도구(Lasso Tool)

자유롭게 선택하고 싶은 영역을 드래그합니다. 마우스를
떼면 선택 영역으로 변환됩니다.

☑ 다각형 올가미 도구(Polygonal Lasso Tool)

선택 영역을 직선으로 설정하는 도구입니다. 선택할 영역
의 모서리마다 클릭하고 마지막은 시작점과 같은 부분에
마우스를 대면 ☑닫힘 커서가 나타납니다. 클릭하면 선
택 영역으로 변환됩니다.

• 포인트를 잘못 찍었을 경우 Delete 키를 누르면 클릭한 포인트가 삭제됩니다.

☑ 자석 올가미 도구(Magnetic Lasso Tool)

색상차가 있는 가장자리를 따라 자석이 끌어당기듯 자동
으로 선택하는 도구입니다. 시작점을 클릭한 뒤 경계면을
따라 마우스를 움직이면 자동으로 설정되고 닫힘 커서가
나타나는 시작점에서 클릭하거나 더블클릭하면 선택 영
역으로 변환됩니다.

• 자석 올가미 도구 상단 옵션바의 [Frequency(빈도)] 수치를 100으로 입력하면 영역
  을 설정하는 포인트가 더욱 섬세하게 설정됩니다.
• 취소할 경우 Esc 키를 누릅니다.

CHAPTER 03

자동 선택 도구

클릭한 영역과 같은 색상의 범위를 자동으로 인식하여 한 번에 해당 범위를 모두 선택하는 도구입니다. 단축키 W

■ [Part2]-[일러스트.jpg]

▲ 일러스트 출처 : Instagram @hi_riter

자동 선택 도구(Magic Wand Tool)

클릭한 부분의 픽셀과 일관된 색상 범위를 자동으로 인식하여 선택 영역으로 지정합니다. 옵션바에서 설정한 범위와 허용치를 기준으로 일관된 색상이 있는 영역을 모두 선택할 수 있습니다.

자동 선택 도구 옵션

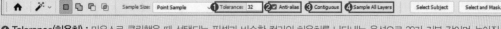

❶ **Tolerance(허용치) :** 마우스로 클릭했을 때 선택되는 픽셀과 비슷한 컬러의 허용치를 나타내는 옵션으로 32가 기본 값이며, 높아질수록 색상의 허용 범위가 넓어집니다.

❷ **Anti-alias(앨리어스 제거) :** 정사각형인 픽셀 가장자리에 나타나는 계단모양의 앨리어스 현상을 시각적으로 부드럽게 보이도록 자연스럽게 처리하는 효과입니다. 일반적인 작업에서 기본으로 체크를 하고 사용합니다.

▲ [Anti-alias] 체크

▲ [Anti-alias] 체크 해제

❸ **Contiguous(인접) :** 체크하면 마우스로 클릭한 픽셀과 유사한 색상(허용치 내)으로 연결되어 있는 인접한 색상 범위만 선택되고, 체크를 해제하면 인접하지 않더라도 문서 전체에서 허용치가 같은 색상 영역이 모두 선택됩니다.

❹ **Sample All Layers(모든 레이어 샘플링) :** 체크 해제하면 레이어 패널에 선택된 현재 레이어의 영역만 인지하고 체크하면 모든 레이어의 영역을 함께 인지합니다.

◩ 개체 선택 도구(Object Selection Tool)

주변과 색상차가 있는 개체 둘레에 간단히 사각형 영역 또는 올가미를 그리면 개체의 가장자리를 자동으로
선택합니다. 먼저 옵션바 [Mode]에서 사각형 윤곽 또는 올가미를 선택하고 사용합니다. 가장자리의 색상 차가 분
명한 부분일수록 정확하게 선택됩니다. • CC 2020부터 생긴 도구입니다.

◩ 빠른 선택 도구(Quick Selection Tool) 🗀 [Par2]-[과일.jpg]

선택할 이미지 영역을 드래그하면 드래그하고 있는 영역과 비슷한 색상 범위를 인식하고 해당 범위의 가장자리까
지 추적하여 자동으로 선택 영역을 지정합니다.
옵션바에서 도구의 브러시 크기를 조정하여 인식 범위를 조절할 수 있습니다. 브러시 크기 조절 단축키 [,]

선택 영역 반전

이미지의 배경과 같이 필요 없는 부분이 더 선택하기 쉬운 경우, 그 영역을 먼저 선택하였다가 반전합니다.

📁 [Part2]-[구름과자.jpg], [정원.jpg]

1 🖌️자동 선택 도구ⓦ로 옵션바는 아래와 같이 설정하고 [구름과자.jpg] 이미지의 하늘 영역을 클릭하여 선택 영역으로 지정합니다. 한 번에 다 선택되지 않으므로 Shift키를 누르고 여러 번 클릭하여 선택 영역을 더합니다.

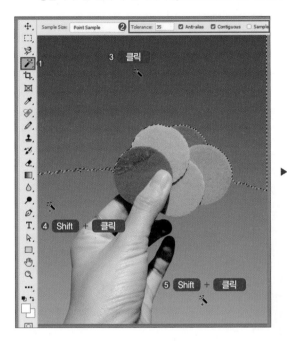 

2 하늘 영역을 모두 선택하였다면 [Select]-[Inverse] 단축키 Ctrl+Shift+I 메뉴로 선택 영역을 반전합니다. 손 모양대로 선택 영역이 반전됩니다.

3 단축키 Ctrl+C로 복사하고 [정원.jpg] 이미지에 단축키 Ctrl+V로 붙여 넣습니다. 깨끗하게 배경이 제거된 손과 정원 배경이 합성되었습니다.

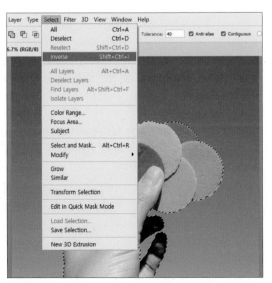 

CHAPTER

04

선택 및 마스크

| Select and Mask |

개체 선택 도구처럼 피사체를 자동으로 선택하거나 이미 지정된 선택 영역의 가장자리를 세밀하게 다듬어 줄 수 있는 메뉴입니다. 머리카락이나 동물의 털처럼 경계가 세밀하고 선명하지 않은 부분을 작업할 때 유용합니다.

📁 [Part2]-[강아지.jpg]

1 📷 개체 선택 도구ⓦ의 옵션바 ❶ [Select Subject] 버튼을 클릭합니다. 강아지의 픽셀 가장자리가 자동으로 선택됩니다. 옵션바 ❷ [Select and Mask] 버튼을 눌러 선택 및 마스크를 엽니다. ([Select]-[Select and Mask] 메뉴로도 열 수 있습니다.)

2 메뉴가 열리면 화면 오른쪽 [Properties] 패널에서 [View Mode]를 선택합니다. 교재에서는 [Overlay] 모드를 선택하였습니다. 선택된 영역과 선택되지 않은 영역을 특정 색을 씌워 구분합니다.

[Overlay] 모드 하단 [Indicates] 항목의 [Masked Areas]는 선택되지 않은 영역에 색상을 표시하고 [Selected Areas]는 선택된 영역에 색상을 표시합니다.

3 왼쪽 도구 박스에서 ❶ 🖌️ 가장자리 다듬기 브러시 도구(Refine Edge Brush Tool)를 선택하고 옵션바에서 정리할 가장자리 반경만큼 ❷ 브러시 사이즈를 지정합니다. 브러시 크기 조절 단축키 [ ], [ ]

4 정리할 가장자리를 따라 드래그하면 자동으로 가장자리가 정리됩니다.

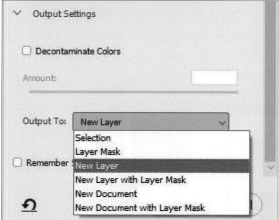

5 가장자리 다듬기를 마쳤다면 오른쪽 [Properties] 패널 하단 [Output Settings] 메뉴에서 [Output To] 항목을 선택합니다. 교재에서는 새로운 레이어로 만들기 위해 [New Layer]를 선택하였습니다.

6 가장자리가 정리된 레이어가 만들어졌습니다.

7 레이어 패널 하단의 ❶ ➕ 새 레이어 버튼을 클릭하여 새 레이어를 만들고 레이어 위치를 가장자리가 정리된 Background copy 레이어 아래로 드래그 하여 내립니다. ❷ 단축키 [D]를 누르면 색상 값이 초기화 되고 ❸ 단축키 [Alt]+[Delete]를 누르면 전경색이 채워집니다. 정리된 가장자리를 확인합니다.

• 색상 피커에 관한 자세한 내용은 84p를 참고합니다.

CHAPTER 05

색상 범위 선택

| Color Range |

특정 색상 영역을 한 번에 선택할 수 있는 기능으로 자동 선택 도구와 비슷하지만 색 허용 범위에 불투명도가 적용되어 가장자리가 더욱 자연스럽게 처리됩니다. 특히 연기, 구름처럼 형태 또는 불투명도가 명확하지 않은 부분을 추출하거나 피부 톤 등을 선택할 때 유용합니다.

■ [Part2]–[구름.jpg], [건물.jpg]

1 [구름.jpg] 사진에서 ❶ [Select]–[Color Range] 메뉴를 클릭합니다. 색상 범위 대화상자가 열리면 마우스 포인터가 스포이트로 바뀝니다. ❷ 작업화면에서 선택하고자 하는 색 부분을 클릭합니다. ❸ [Fuzziness] 항목의 슬라이더를 드래그하여 색 허용 범위를 조절합니다. 수치가 높을수록 허용하는 색상의 범위가 넓어집니다. ❹ [OK]를 누르면 선택 영역이 설정됩니다.

2 Ctrl+C로 복사한 뒤 [건물.jpg] 사진에 Ctrl+V로 붙여 넣습니다.

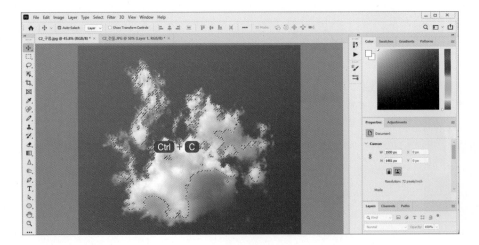

3 Ctrl+T [Free Transform]으로 바운딩 박스의 조절점을 드래그 하여 크기를 조절하고 Enter 키를 눌러 적용합니다.

4 구름이 자연스럽게 합성되었습니다.

Happy Birthday

💻 자율 예제 | 📁 [Part2]-[P2_선택하기_자율예제1~5.jpg]

– 폴더에 있는 여러 자율 예제 자료에서 선택 윤곽 도구, 올가미 도구 등을 활용하여 선택 영역을 지정하고 아트웍을 복사하여 배치합니다. 완성작을 참고하여 자유롭게 디자인하고 저장해봅니다.

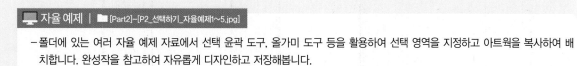

이미지
사이즈와 변형

CHAPTER

01

이미지 사이즈

| Image Size |

이미지 사이즈 메뉴는 이미지 전체를 함께 줄이거나 늘리고 캔버스 사이즈 메뉴는 문서의 일부를 잘라 내거나 여백을 더 생성하여 문서 크기를 조절합니다.

이미지 사이즈(image Size) 단축기 Alt + Ctrl + I

📁 [Part3]-[레몬나무.jpg]

1 [Image]-[Image Size] 메뉴를 클릭합니다.

2 이미지 크기와 해상도를 확인하고 [Width] 값을 1000px로 입력합니다.

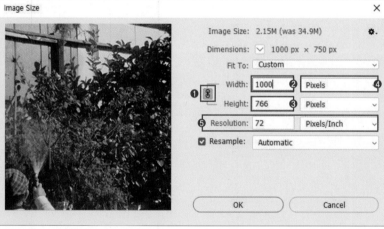

3 [OK]를 누른 뒤 이미지 사이즈가 줄어든 것을 확인합니다.

❶ 종횡비 고정 : 아이콘이 클릭되어 있으면 너비와 높이 비율을 고정하여 크기를 함께 조절하고 아이콘 선택이 해제 되어있으면 너비와 높이가 각각 자유롭게 조절됩니다.

❷ Width(너비) ❸ Height(높이) ❹ 단위 ❺ Resolution(해상도)

★중요★ 크기를 변경할 경우 픽셀의 개수도 조정되어 무리하게 늘리거나 해상도를 조절하면 화질 저하가 생길 수 있습니다. 해상도에 관한 자세한 사항은 14p를 참고합니다.

캔버스 사이즈(Canvas Size) 단축키 Alt + Ctrl + C

1 앞에서 변경한 이미지 사이즈 1000*766px 상태에서 [Image]-[Canvas Size] 메뉴를 클릭합니다.

2 현재 크기를 확인하고 너비와 높이를 100px씩 늘리기 위해 너비를 1100px, 높이를 866px로 입력합니다.

3 [OK]를 누른 뒤 문서에 여백이 생기고 문서 크기가 커진 것을 확인합니다.

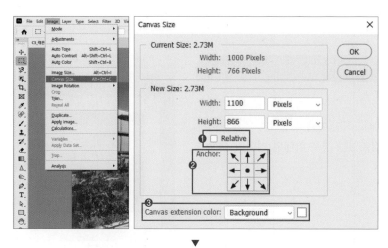

❶ **Relative(상대값)** : 체크를 해제하면 결과값인 문서의 전체 크기를 입력하고 체크 하면 현재 크기 기준으로 조절될 값만 입력합니다. (현재 문서 기준 Relative 체크 시 [Width], [Height]는 100px씩 입력합니다.)

❷ **Anchor(고정점)** : 9개 지점중 문서가 고정될 지점을 클릭하면 화살표 방향으로 문서가 조절됩니다.

❸ **Canvas extension color** : 문서 크기가 현재보다 커졌을 때 채워지는 색상을 지정합니다.

CHAPTER 02
자르기 도구
| Crop Tool |

문서 크기를 조절하거나 회전하고 이미지를 똑바르게 하는 도구입니다. 단축키 C

자르기 도구 📁 [Part3]-[바다.jpg]

늘리기

자르기 박스를 문서의 바깥쪽으로 드래그하면 여백이 생기며 문서 크기가 변경됩니다. 백그라운드 레이어가 잠겨있는 경우 확대된 여백의 색상은 색상 피커의 배경색으로 채워집니다.

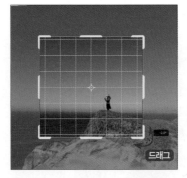

자르기

자르기 박스를 조절한 뒤 Enter 키를 눌러 적용합니다. 옵션바에서 비율과 크기를 설정할 수 있습니다.

회전하기

자르기 박스 모서리에서 드래그하여 문서를 회전하고 Enter 키를 눌러 적용합니다.

수평 맞추기

옵션바에서 [Straighten] 버튼을 선택한 뒤 작업화면에서 수평을 맞출 부분을 따라 드래그하고 마우스를 놓으면 수평이 됩니다.

🖉 자르기 도구 옵션

❶ 문서의 크기, 또는 비율을 선택하거나 직접 입력합니다.

❷ Straighten(똑바르게 하기 도구) : 비뚤어진 부분을 드래그 하여 수평을 맞춰주는 기능입니다.

❸ Delete Cropped Pixel : 체크하면 박스 바깥으로 잘려나간 픽셀 정보를 삭제하고, 체크 해제하면 픽셀 정보를 삭제하지 않고 보존합니다.

CHAPTER 03

자유 변형

| Free Transform |

이미지에 대해 크기 조절, 회전, 기울이기, 늘이기 또는 뒤틀기 등의 작업을 합니다. 변형 조절을 위한 바운딩 박스(Bounding Box)가 화면에 표시됩니다. 선택한 레이어 전체 또는 선택한 일부 영역을 변형할 수 있습니다.

레이어를 선택하고 [Edit]-[Transform] 메뉴에서 변형 메뉴를 선택하거나 단축키 Ctrl+T를 누른 뒤 [Free Transform] 상태의 작업 화면에서 마우스 우클릭을 하여 변형 메뉴를 선택합니다.

▲ 메뉴바

▲ 우클릭 메뉴

📁 [Part3]-[Tabletpc.psd]

크기 조절(Scale)

박스의 조절점에서 마우스 커서의 모양이 양방향 화살표 모양으로 바뀌면 드래그하여 크기를 조절 합니다. 변형을 마치면 Enter키를 눌러 변형을 완료합니다.

• CC 2019 이후부터 기존에 사용되던 Shift키 기능이 바뀌었습니다. 상단 옵션바 너비(W)와 높이(H) 항목 사이의 비율고정 버튼 🔗 이 눌려있다면 Shift키를 누르지 않고 조절해야 비율이 고정됩니다. 버튼이 눌려있지 않을 때는 Shift키를 누르고 비율을 고정합니다.

회전(Rotate)

바운딩 박스 모서리의 바깥 쪽으로 마우스
커서를 이동하면 휘어진 회전 모양 화살표
로 마우스 포인터가 바뀝니다. 그 때 드래그
하여 회전합니다.

Shift 키를 누른 채 드래그하면 15°씩 회전합
니다.

기울이기(Skew)

조절점이나 바운딩 박스 측면으로 마우스를
대면 포인터가 작은 흰색 양방향 화살표로
바뀝니다. 그 때 드래그하여 한 쪽으로 기울
입니다.

• Ctrl + T 를 누른 뒤 [Free Transform] 상태에서 단축키 Ctrl + Shift 를
누르고 드래그하면 우클릭 메뉴를 선택하지 않아도 기울이기가
실행됩니다.

원근감 적용 (Perspective)

좌, 우 조절점이나 상, 하 조절점이 대칭으로 함께 움직이며 원근감을 적용합니다.

• 단축키 Alt + Ctrl + Shift 를 누르고 드래그하면 원근감 적용이 실행됩니다.

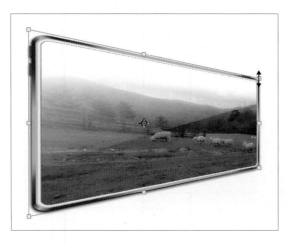 

왜곡 (Distort)

자유롭게 모든 점을 조절하여 왜곡합니다.

• 단축키 Ctrl 을 누르고 드래그하면 왜곡이 실행됩니다.

뒤틀기 (Warp)

바운딩 박스에 그리드가 생기며 곡면 뒤틀기가 가능해
집니다. 마우스로 직접 그리드의 조절점을 드래그하여
이미지를 곡면 왜곡할 수 있습니다.

중심고정

변형 시 Alt 키를 누른 상태에서 변형을 하면, 바운딩
박스의 중심이 고정된 채 변형됩니다.

반전하기

Flip Horizontal : 가로로 뒤집어 이미지를 반전합니다.

Flip Vertical : 세로로 뒤집어 이미지를 반전합니다.

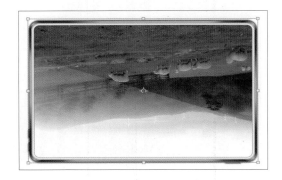

🖱 변형 실습 📁[Part3]-[나무벽.psd]

1 Background Layer 선택 후 ▣ 사각형 선택 윤곽 도구⒨의 옵션바를 설정하고 바닥 부분으로 만들 영역을 드래그하여 선택합니다.

2 바닥의 명암을 어둡게 하기 위해 Ctrl+M을 눌러 [Curves] 조정을 실행합니다. 대각선 가운데를 아래쪽으로 드래그하면 명암을 어둡게 할 수 있습니다. • 조정에 관한 자세한 내용은 Part 10의 이미지 보정을 참고합니다.

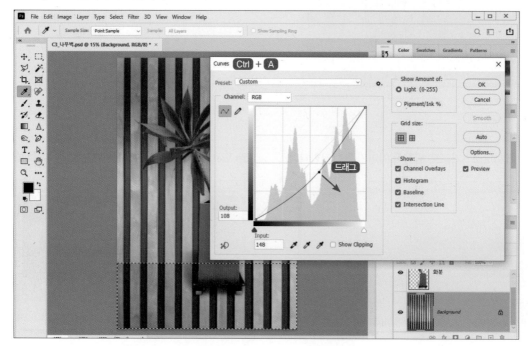

78

3 Ctrl+T를 눌러 자유 변형을 실행하면 선택한 영역만 변형할 수 있습니다. 원근감 조절을 위해 바운딩 박스의 오른쪽 하단 조절점을 단축키 Alt+Ctrl+Shift 키를 누르고 클릭하여 오른쪽으로 드래그하고 Enter 키를 눌러 적용합니다.

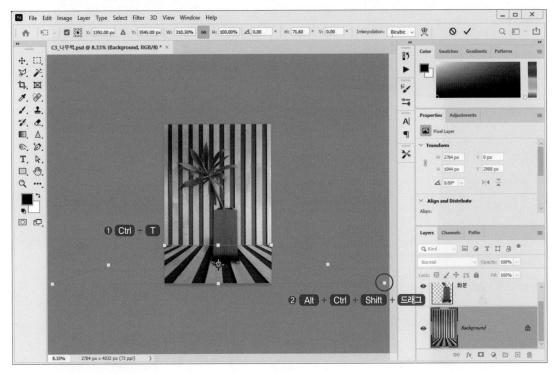

4 단축키 Ctrl+D를 눌러 선택 영역을 해제 합니다. 바닥이 만들어졌습니다.

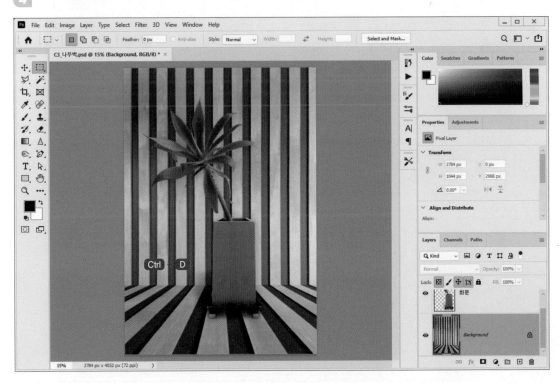

— 사진이 없는 액자 파일에 사진을 합성합니다. 사용자가 원하는 사진을 불러와 자유 변형을 사용하여 방향에 맞게 변형하고 바닥
에 비치는 부분은 불투명도(Opacity)를 조절하여 완성합니다.

실전 예제로 배우는
포토샵

채색

색상 피커

| Color Picker |

포토샵은 두 가지 형식의 색을 선택하고 사용합니다. 페인트 통이나 브러시와 같은 채색 도구들은 전경색을 사용하고, 문서 확장 또는 잘라내기 등을 실행할 때는 배경색이 사용됩니다.

도구 박스 하단에 색상 피커가 있습니다. ❸전경색, ❹배경색입니다.
각 영역을 클릭하면 색상 피커 대화상자가 열립니다.

❶ Default Color : 전경색은 검정, 배경색은 흰색으로 색상값을 초기화 합니다. 단축키 D

❷ 전경색과 배경색을 교체합니다. 단축키 X

전경색 채우기 : 단축키 Alt + Delete   **배경색 채우기 :** 단축키 Ctrl + Delete

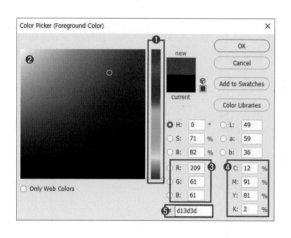

❶ **Spectrum Slider :** 슬라이더를 드래그하여 색조를 선택합니다.

❷ **Sample Color :** 색 영역을 드래그 하여 채도와 명도를 조절합니다.

❸ **RGB :** 디스플레이는 8비트를 빨강, 초록, 파랑에 각각 할당하여 색을 표현하므로 색이 없으면 0, 원색은 255입니다. 따라서 (0, 0, 0)은 검정, (255, 255, 255)는 흰색, (255, 0, 0)은 빨강, (255, 255, 0)은 노랑입니다.

❹ **CMYK :** 인쇄될 염료 원색의 백분율을 나타냅니다. (0, 0, 0, 0)%면 아무것도 인쇄되지 않아 흰색이고 모두 적절히 혼합하면 혼합된 검정, 블랙 염료만 사용할 경우 순수한 검정 (0, 0, 0, 100)%가 됩니다.

• 색상 모드의 자세한 내용은 15p를 참고합니다.

❺ 웹에서 사용하는 HTML 색 코드로 RGB 값을 십육진수로 나타냅니다.

CHAPTER 02

채우기

| Fill |

페인트 통 도구와 그레이디언트 도구를 사용하여 선택 영역 또는 레이어 내부를 색상이나 패턴으로 칠할 수 있습니다. 페인트 통 도구는 사용자가 클릭한 픽셀과 색상 값이 비슷한 인접 픽셀을 자동으로 칠하고 그레이디언트 도구는 여러 가지 색상을 단계적으로 자연스럽게 혼합합니다. 단축키 G

📁 [Part4]-[일러스트2.jpg]

🪣 페인트 통 도구(Paint Bucket Tool)

전경색을 먼저 지정하고 칠할 영역을 클릭하여 채색합니다.

✏️ 페인트 통 도구 옵션

❶ 칠 옵션 : [Foreground] 전경색으로 칠합니다. [Pattern] 선택한 패턴으로 칠합니다.

❷ Mode : 혼합 모드로 칠합니다. • 혼합 모드에 관한 자세한 내용은 Part 12의 혼합 모드를 참고합니다.

❸ Opacity : 불투명도를 조절합니다. 수치가 낮을수록 투명하게 칠해집니다.

❹ 자동 선택 도구의 옵션 기능과 같습니다. • 61p를 참고합니다.

그레이디언트 도구(Gradient Tool) ■ [Part4]-[로고그레이디언트.psd]

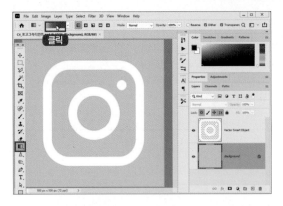

1 [Background Layer]를 선택한 뒤 그레이디언트 도구 옵션바의 그레이디언트 에디터 부분을 클릭합니다.

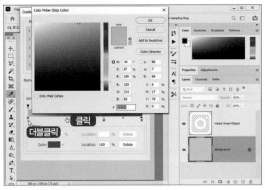

2 그레이디언트 에디터 대화상자가 열리면 슬라이더의 색상 정지점(Color Stop)을 더블 클릭하여 색을 지정합니다. 슬라이더에서 색을 추가할 지점을 클릭하면 색상 정지점이 추가 됩니다. 왼쪽부터 각각 ffd253, ff5e40, d8408b, 4a61ca 색상을 입력합니다.

3 옵션바에서 직선 타입(Linear Gradient) 그레이디언트를 선택하고 화면을 대각선으로 드래그 하여 그레이디언트를 칠합니다.

4 그레이디언트가 칠해진 배경이 완성되었습니다.

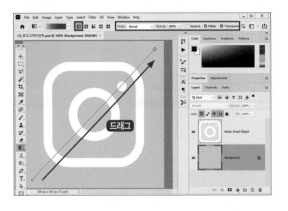

✎ 그레이디언트 도구 옵션

❶ Gradient Editor : 오른쪽의 ☑펼침 버튼을 클릭하면 견본을 선택할 수 있고 왼쪽 그레이디언트 색상 부분을 클릭하면 그레이디언트 에디터를 엽니다.

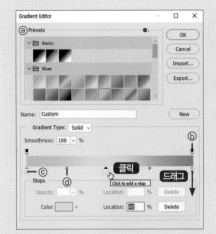

ⓐ **Presets** : 그레이디언트 견본을 선택합니다.

ⓑ **Opacity Stop(불투명도 정지점)** : 클릭하여 불투명도 지점을 조절합니다.

ⓒ **Color Stop(색상 정지점)** : 클릭하여 그레이디언트 색상을 선택합니다.

ⓓ **Location(위치)** : 색상의 위치로 슬라이더에서 좌우로 드래그 하여 그레이디언트 색 범위를 조절합니다.

슬라이더에서 클릭하여 색상을 추가합니다.

색상 정지점은 선택 후 하단 Delete 버튼을 누르거나 그대로 아래로 드래그하여 삭제할 수 있습니다.

❷ 그레이디언트 형태를 선택합니다. 왼쪽부터 차례대로 선형, 원형(방사형), 각진 방사형, 반전형, 다이아몬드형의 형태입니다.

❸ Reverse : 그레이디언트의 시작과 끝 색상 방향이 반전됩니다.

❹ Dither : 색 공간 차이에서 오는 결점을 보완해주는 기능입니다. 그레이디언트 연결이 더 부드러워집니다.

❺ Transparency : 체크 해제하면 색상을 투명하게 표현하는 기능이 비활성화 됩니다.

✎ 스포이트 도구(Eyedropper Tool) 단축키 Ⓘ

작업화면을 클릭하면 클릭한 부분의 색상을 찾는 도구입니다. 해당색이 전경색으로 지정됩니다. Alt 를 누르고 클릭하면 배경색으로 지정됩니다.

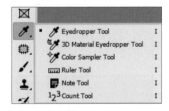

선택 영역 불러오기(Load Selection)

★중요★ Ctrl 키를 누르고 레이어의 섬네일을 클릭하면 해당 레이어의 내용만큼 선택 영역을 지정합니다.

선택 영역을 지정하지 않고 작업할 경우 레이어 전체에 작업이 되고, 선택 영역을 지정하면 영역 안에만 작업합니다.

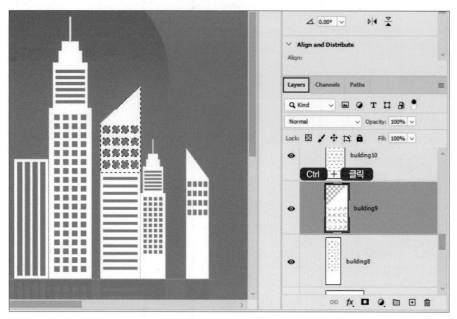

레이어 패널의 투명 픽셀 잠금 아이콘(Lock: Lock transparent pixels)

선택 영역을 지정하지 않고 레이어 패널의 Lock 메뉴에서 투명 픽셀 잠금을 클릭하고 작업하면 내용이 없는 투명한 영역에는 작업되지 않습니다. 잠금을 해제할 경우 아이콘을 한번 더 클릭합니다.

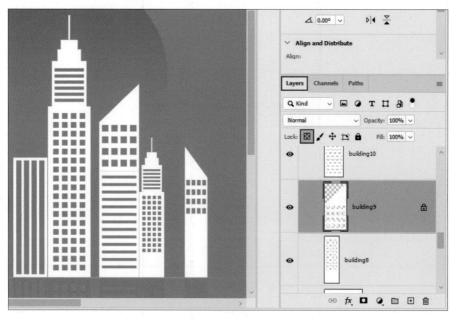

패턴 만들기 📁 [Part4]-[패턴.jpg]

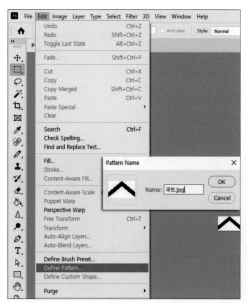

1️⃣ [패턴.jpg] 파일을 불러온 뒤 메뉴바 [Edit]-[Define Pattern]을 눌러 패턴으로 등록합니다.
 • 전체 영역 중 일부를 패턴으로 등록 하고 싶다면 사각형으로 선택 영역을 지정한 후 등록합니다.

2️⃣ 단축키 Ctrl+N을 눌러 500*500px 72ppi의 새문서를 만듭니다.

3️⃣ 페인트 통 도구로 옵션바에서 칠 옵션을 [Pattern]으로 지정하고 ☑버튼을 눌러 등록한 패턴을 선택한 뒤 작업 화면을 클릭하여 칠합니다.

색상 선택과 배색 참고 사이트

색은 사용 면적이나 배색에 따라 느낌이 달라집니다. 아래의 웹사이트에서 컨셉에 맞는 색상 선택이나 여러 가지 배색을 참고할 수 있습니다.

Adobe Color

https://color.adobe.com/ko

paletton

http://paletton.com

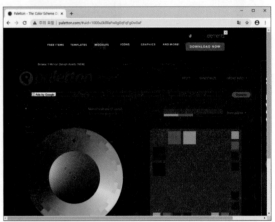

itmeo

https://webgradients.com

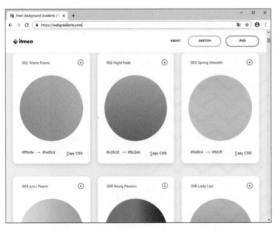

Colorsupply

https://colorsupplyyy.com/app

Night City Tour

Explore some of city's most vibrant spaces
after the sun goes down!

🖥 자율 예제 | 📁 [Part4]–[City.psd]

− 파일의 각 레이어를 선택하고, 투명 픽셀 잠금, 선택 영역 불러오기, 그레이디언트 도구 등을 사용하여 여러 가지 색상으로 칠해봅니다.

실전 예제로 배우는
포토샵

드로잉

CHAPTER 01

브러시 도구

| Brush Tool |

디지털드로잉 기능으로 다채로운 아트웍을 표현할 수 있습니다. 다양한 브러시 모양을 사용하여 현재 전경색을 레이어에 채색합니다. 단축키 B

브러시 도구(Brush Tool)

1000*1000px, 72ppi, RGB 모드의 새 문서를 만들고 ❶ 새 레이어를 추가합니다. ❷ 브러시 도구를 선택하고 ❸ 전경색을 확인합니다.

❹ 작업화면에서 마우스 우클릭을 하여 브러시 사전 설정 창을 엽니다.

❺ 브러시 팁을 더블클릭하여 선택하고 ❻ 작업 화면에서 드래그하여 드로잉 합니다.

Shift 키를 누르고 드래그 하면 수평, 수직, 45°로 반듯하게 칠합니다.

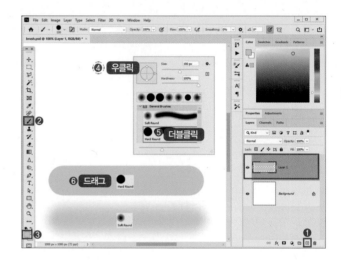

연필 도구(Pencil Tool)

연필 도구는 선택된 브러시에 Anti-alias와 Hardness를 적용하지 않습니다. 연필 도구를 사용하여 드로잉 하면 어떤 팁 모양을 선택하여도 가장자리가 선명하고 계단모양의 alias 현상이 나타나게 됩니다.

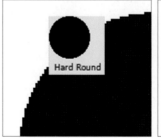

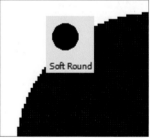

외부 브러시 사용

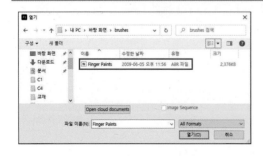

[Open] 메뉴에서 외부의 브러시 파일(확장자 .abr)을 열면 브러시 사전 설정 창에 해당 브러시가 불러와집니다.

• 이전 버전 사용자는 설정창의 ⚙설정 버튼을 누르고 [Load Brushes]나 [Import Brushes]를 클릭하여 브러시 파일을 불러옵니다.

★중요★ Caps Lock 키가 눌려있으면 브러시 미리보기가 되지 않습니다. 브러시 모양이 보이지 않을 경우 Caps Lock 키를 확인하세요.

브러시 사전 설정

작업 화면에서 마우스 우클릭을 하면 사전 설정 대화상자가 열립니다. 창 오른쪽 하단 📝 에 마우스를 대고 드래그
하면 대화상자의 크기를 조절할 수 있습니다.

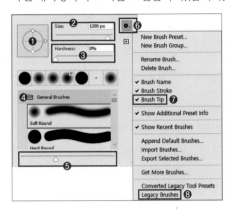

❶ **브러시 각도와 폭** : 조절 점을 드래그 하여 조절합니다.

❷ **Size** : 브러시 크기 단축키 ⬛, ⬛

❸ **Hardness** : 가장자리 경도로 0%는 부드럽고 흐릿하며 100%로 갈수록 선명하고
딱딱합니다.

❹ **브러시 섬네일** : 더블클릭하여 브러시 선택

❺ 드래그 하여 섬네일 크기를 조절합니다.

❻ ⚙ : 설정

❼ **Brush Tip** : 클릭하여 체크하면 설정 창에 브러시 팁 모양 섬네일이 나타납니다.

❽ **Legacy Brushes** : 이전 버전의 브러시 그룹을 사전 설정 대화상자에 추가합니다.

✏ 브러시 도구 옵션

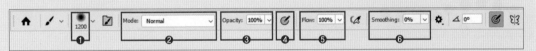

❶ **Size** : 브러시 크기와 모양을 조절합니다.

❷ **Mode** : 전경색과 레이어의 내용을 혼합하여 칠하는 모드입니다. 혼합하지 않는 경우 [Normal]을 선택합니다. • 혼합 모드에 관한 자세한 내
용은 Part 12의 혼합 모드를 참고합니다.

❸ **Opacity** : 불투명도 값을 조절합니다. 값이 작을수록 투명하게 칠해집니다. 단축키 숫자키(6=60%)

❹ **Tablet Pressure for Opacity** : 태블릿의 펜을 사용하는 경우 펜 압력에 따라 불투명도를 조절합니다.

❺ **Flow** : 브러시 흐름 값으로 색이 칠해지는 밀도를 조절합니다. 값이 작을수록 밀도가 낮아 약한 흐름으로 연하게 칠해집니다.

❻ **Smoothing** : 드로잉 시 손떨림 보정 기능으로 수치가 높을수록 매끄럽게 칠해집니다. • CC 2018부터 생긴 기능입니다.

브러시 만들기 📁 [Part5]-[브러시등록.jpg]

1 [Edit]-[Define Brush Preset] 메
뉴에서 브러시를 등록합니다. 현
재 사이즈 그대로 원래의 색조와
채도는 제거되고 흑백의 명도만
등록됩니다.

2 새 레이어를 만들고 Background
Layer의 가시성 버튼을 눌러 비활
성화 합니다. 전경색을 지정하고
브러시 도구에서 등록한 브러시를
선택합니다.

3 새 레이어에 클릭합니다. 검은색
이었던 부분은 불투명도 100%,
흰색이었던 부분은 불투명도 0%
로 칠해집니다. 그 외의 색은 명도
에 따라 불투명도 값이 적용됩니다.

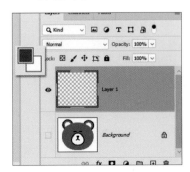

옵션바에서 ☑아이콘을 누르면 브러시 설정(Brush Settings) 패널이 열립니다. 항목들을 조절하여 다양한 변화가 있는 브러시로 설정 할 수 있습니다. 하단에 설정에 따른 브러시 팁의 미리보기가 나타납니다.

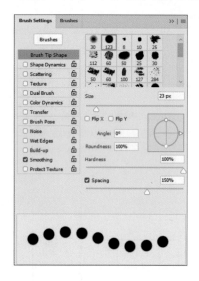

1 Brush Tip Shape : 브러시 모양
- Size(크기) : 브러시 크기
- FlipX/FlipY(X축 뒤집기/Y축 뒤집기) : 브러시 좌우/상하 반전
- Angle(각도) : 브러시 각도
- Roundness(원형율) : 브러시 폭
- Hardness(경도) : 브러시의 가장자리 경도 조절
- Spacing(간격) : 브러시 사이 간격

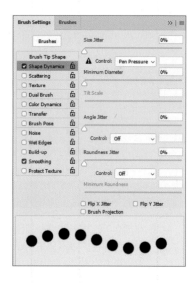

2 Shape Dynamics : 브러시 형태
- Size Jitter(크기 지터) : 다양한 크기 적용. 수치가 높을수록 브러시 크기가 변화하며 브러시가 칠해집니다.
- Minimum Diameter(최소 직경) : 변화 시 가장 작은 크기 지정
- Angle Jitter(각도 지터) : 다양한 각도 적용
- Roundness Jitter(원형율 지터) : 다양한 브러시 폭 적용
- Minimum Roundness(최소 원형율) : 변화 시 가장 좁은 폭 지정
- Control(조절) : 펜 마우스의 압력이나 드래그 방향 등에 따른 변화 선택.

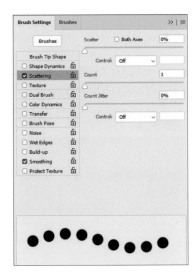

3 Scattering : 브러시 산포
- Scatter(분산) : 브러시 산포 범위
- Both Axes(양 축) : XY축 모두 분산
- Count(개수) : 분산된 브러시의 양 조절
- Count Jiter(개수 지터) : 브러시 개수의 변화 적용

4 Texture(텍스처) : 브러시 질감
브러시에 합성할 질감(패턴) 선택 / Invert : 반전
- Scale(비율) : 질감 사이즈
- Brightness(명도) : 질감의 명암
- Contrast(대비) : 질감의 대비값
- Mode(모드) : 기본 브러시와 질감 혼합 모드

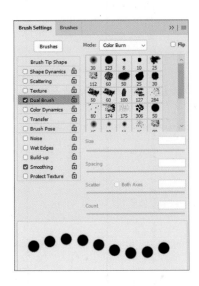

5 Dual Brush : 이중 브러시로 겹쳐 찍기
- Mode(모드) : 첫 번째 설정한 브러시와 두 번째 브러시의 합성 모드
- Size(크기) : 첫 번째 브러시 내부에서 두 번째 브러시의 크기
- Spacing(간격) : 첫 번째 브러시 내부에서 두 번째 브러시의 간격
- Scatter(산포) : 첫 번째 브러시 내부에서 두 번째 브러시의 산포도
- Count(개수) : 첫 번째 브러시 내부에서 두 번째 브러시의 분산된 양

6 Color Dynamics : 다양한 색상 변화
 - Apply Per Tip(팁당 적용) : 체크 해제시 새로운 클릭을 기준으로 변화하고 체크 시 개별 팁 모양을 기준으로 변화
 - Foreground/Background Jitter(전경색/배경색 지터) : 전경색과 배경색 변화 비율로 0%인 상태에서는 전경색만 100% 채색되며 값이 높아질수록 배경색의 색상이 추가됨
 - Hue Jitter(색조 지터) : 색상 추가하여 변화
 - Saturation Jitter(채도 지터) : 값이 높을수록 색상의 채도값이 낮아지며 변화
 - Brightness Jitter(명도 지터) : 값이 높을수록 명도값이 낮아지며 변화
 - Purity(순도) : 전체 색상의 순도 변화

7 Transfer : 불투명도, 흐름
 - Opacity Jitter(불투명도 지터) : 변화 시 다양한 불투명도 적용
 - Flow Jitter(흐름 지터) : 변화 시 다양한 색상 밀도 적용

8 Brush Pose(브러시 위치) : 태블릿 펜 사용 시 펜의 각도, 기울기 등 조절

9 Noise(노이즈) : 가장자리에 노이즈 추가

10 Wet Edges(젖은 가장자리) : 수채화 같은 젖은 가장자리 효과 표현

11 Build-Up(강화) : 마우스나 펜 마우스의 압력에 따른 강도 조절

12 Smoothing(보정) : 브러시 보정

13 Protect Texture(질감 보호) : 텍스처 보호

TIP 페인트 통, 그레이디언트, 브러시 등의 채색 도구 사용시 Alt를 누르면 잠시 스포이트 도구가 됩니다. 작업화면을 클릭하는 부분의 색상이 전경색으로 지정됩니다.

🖱 브러시 실습 📁 [Part5]–[Card.psd]

1 [Background] 레이어 위에 새 레이어를 만듭니다. ✏ 브러시 도구 B 를 선택하고 전경색과 배경색을 Gold 톤의 색상으로 각각 다르게 지정합니다. 작업화면에서 우클릭하여 [General Brushes]의 [Hard Round] 브러시를 선택하고 크기는 20px 로 지정합니다.

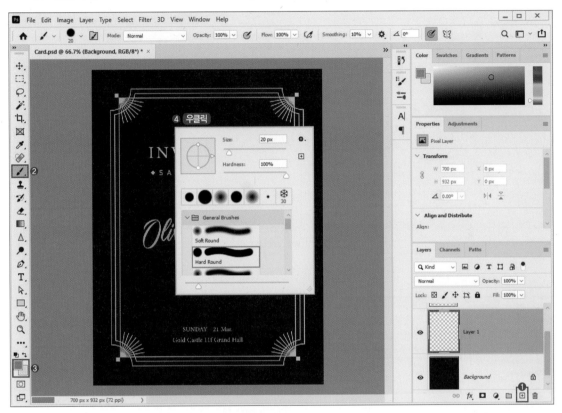

2 옵션바의 ✏ 아이콘이나 단축키 F5 를 눌러 브러시 설정(Brush Settings) 패 널을 엽니다. 다음과 같이 항목을 설정합니다.

▲ Brush Tip Shape

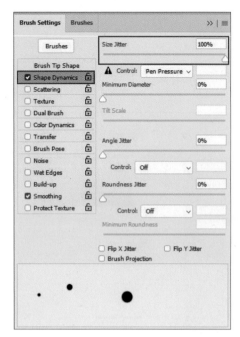

▲ Shape Dynamics

▲ Scattering

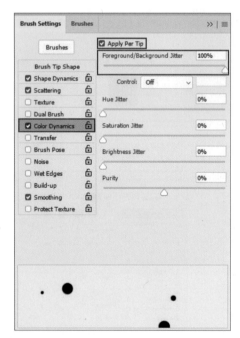

▲ Color Dynamics

▲ Transfer

3 자유롭게 드래그하여 칠하고 완성합니다.

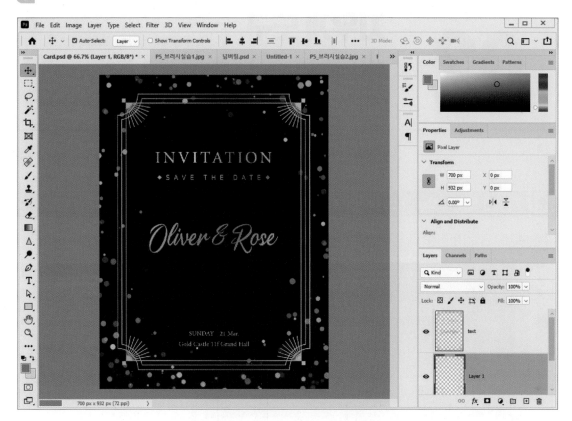

CHAPTER 02

지우개 도구

선택한 브러시 모양으로 픽셀을 지웁니다. 잠겨있는 배경 레이어에서 작업하거나 투명 영역이 잠겨 있는 레이어에서 작업할 경우에는 투명하게 지우지 않고 배경색으로 채웁니다. 단축키 E

| Eraser Tool |

지우개 도구(Eraser Tool) ■ [Part5]-[산.jpg]

1 백그라운드 레이어를 지우기 위해 레이어 패널에서 자물쇠 모양 아이콘을 클릭하여 잠금을 해제합니다.

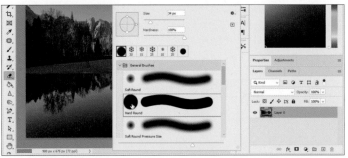

2 지울 레이어를 선택하고 작업화면에서 마우스를 우클릭 하여 지우개로 사용할 팁 모양을 더블클릭합니다.

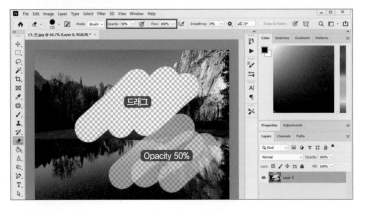

3 작업화면을 드래그하여 픽셀을 지워 삭제합니다.
옵션바의 [Opacity]나 [Flow] 수치가 낮다면 그만큼 덜 지워집니다.

자동 지우개 도구(Magic Eraser Tool)

1 자동 선택 도구에 지우개 기능이 추가된 것과 같습니다. 작업 화면을 클릭하면 클릭한 영역과 유사한 색상 범위를 자동으로 인식하여 지웁니다. 옵션바에서 설정한 범위와 허용치를 기준으로 비슷한 색상의 영역을 한 번에 지울 수 있습니다.

· 옵션바 항목은 자동 선택 도구의 옵션 기능과 같습니다. 61p를 참고합니다.

2 옵션바 [Contiguous]에 체크 해제하고 클릭하면 인접하지 않아도 모든 비슷한 영역을 한 번에 지웁니다.

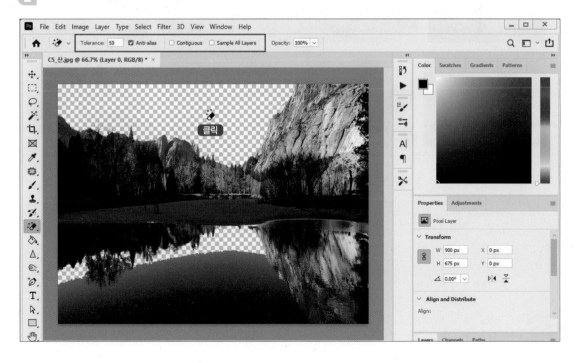

브러시 파일 다운로드

다른 사용자들이 만든 브러시를 다운받아 사용할 수 있습니다. 설치는 90p 외부브러시 사용을 참고합니다.

Brusheezy

https://www.brusheezy.com

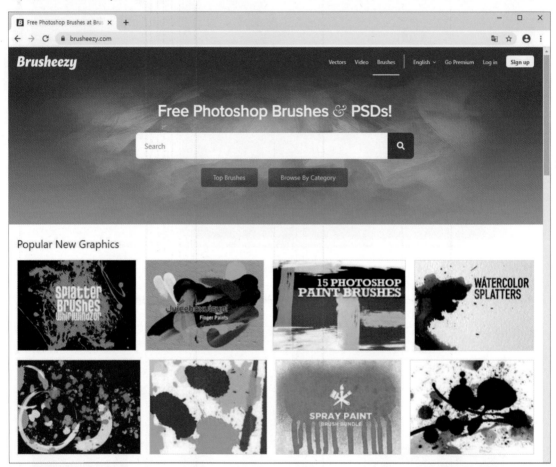

– 다양한 브러시를 다운받고, 자유롭게 드로잉하여 거칠고 자연스러운 느낌의 아트웍을 표현해봅니다. 완성작은 Dirt, Paint, watercolor
등의 키워드를 검색하여 브러시를 다운받아 사용하였습니다.

실전 예제로 배우는
포토샵

문자

문자 도구

| Type Tool |

문자는 메시지를 전달하는 시각적 기호로 이미지 못지않은 중요
한 역할을 합니다. 작업화면을 클릭하여 내용을 입력하면 새로
운 문자 레이어가 생성됩니다. 문자의 글꼴, 크기, 사이 간격을
세밀하게 조절하여 타이포그래피를 표현합니다. 단축키 [T]

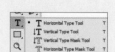

🄣 수평 문자 도구(Horizontal Type Tool)

1 가로로 문자를 입력합니다. 작업화면을 클릭하면 텍스트
영역이 따로 설정되지 않고 커서가 활성화 되며 Lorem
Ipsum 자동 텍스트가 나타납니다.

2 작업 화면을 드래그 하여 영역을 지정하면 텍스트 영역
이 설정됩니다. 문장이 영역 안에서만 정렬됩니다. 문자
도구로 텍스트 영역 박스를 조절할 수 있습니다.

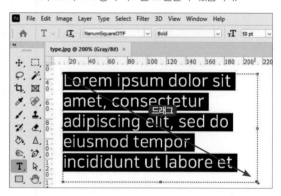

3 텍스트를 입력하고 단축키 [Ctrl]+[Enter]를 눌러 문자 편집을 완료하고 커서를 비활성화 합니다.

🄣 세로 문자 도구(Vertical Type Tool)

세로로 문자를 입력합니다. 수평 문자 도구와 사용 방법은 동일합니다.

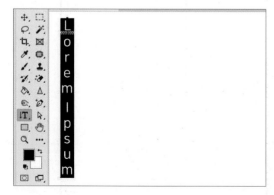

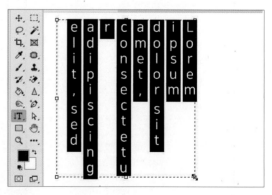

문자(Character) 패널

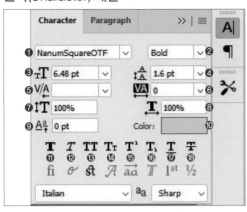

❶ **Character** : 서체(Font) 모양　❷ 서체 스타일

❸ **Font Size** : 문자 크기
　　단축키 Ctrl + Shift + . (쉼표) : 크기 줄이기
　　단축키 Ctrl + Shift + . (마침표) : 크기 키우기

❹ **행간** : 글줄 사이 간격 단축키 Alt +방향키 ↑, ↓

❺ **커닝** : 한 글자와 한 글자 사이 간격

❻ **자간** : 글자 사이 간격 단축키 Alt +방향키 ←, →

❼ 글자 높이 비율　❽ 글자 너비 비율

❾ **Baseline** : 기준선 위치　❿ 글자 색상

⓫ 두꺼운 글자　⓬ 이탤릭(기울인) 글자　⓭ 대문자　⓮ 작은 대문자

⓯ 위첨자　⓰ 아래첨자　⓱ 밑줄 긋기　⓲ 취소선 긋기

단락(Paragraph) 패널

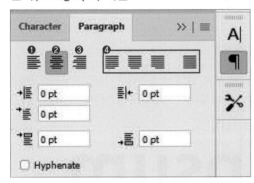

❶ 왼쪽 정렬
❷ 가운데 정렬
❸ 오른쪽 정렬
❹ 양끝 정렬 – 왼쪽부터 차례대로 마지막 문장 왼쪽 정렬, 가운데 정렬, 오른쪽 정렬, 양끝 정렬

★중요★ 문자 래스터화

문자는 이미지가 아니므로 픽셀로 이루어져있지 않습니다. 문자 레이어를 선택하고 마우스 우클릭하여 [Rasterize Type] 메뉴를 클릭하면 문자가 픽셀로 변환됩니다. 글자를 이미지처럼 활용할 수 있습니다.

서체(폰트)는 설치된 환경에서만 사용할 수 있으므로 다른 환경으로 포토샵 원본 파일을 보낼 때에도 문자 래스터화를 하여 보냅니다. 해당 서체가 설치되어있지 않은 환경에서는 서체를 찾을 수 없다는 메시지가 나타납니다.

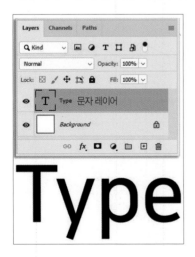
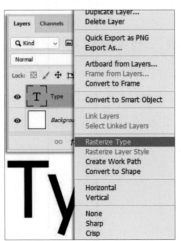

글꼴은 작업물의 컨셉에 맞는 모양과 가독성(글이나 기호가 얼마나 잘 읽히는가 하는 능률의 정도)을 고려하여 선택합니다.

명조체(Serif) 계열

문자 획의 시작이나 끝부분에 장식(Serif)이 붙어있는 모양으로, 보통 가로 획과 세로획의 굵기가 다르고 맵시를 내거나 가독성을 높이기 위해 문자 획 시작과 끝 부분에 표시(Serif)가 있는 글꼴입니다. 신문, 책 등의 글이 많은 인쇄물에서 가독성이 높습니다.

Serif
Lorem Ipsum

고딕체(Sans Serif) 계열

문자 획의 시작이나 끝부분에 장식이 없는 글꼴로 'Sans'는 프랑스어로 '없다'는 뜻입니다. 보통 가로획의 굵기와 세로획의 굵기가 비슷합니다. 도로의 표지판이나 모니터, 모바일 화면 등에서 가독성이 높습니다.

Lorem Ipsum

필기체(Script) 계열

필기체는 손글씨를 활자화한 느낌의 글꼴로, 보통 글자의 끝을 다음 글자와 연결되도록 디자인된 글자들이 많습니다. 우아하고 자연스럽지만 글줄이 흐트러져 보이거나 가독성이 떨어지는 경우가 있으므로 유의하여 사용합니다.

Loremipsum

문자 실습 ■ [Part6]-[Background.jpg], [Bokeh.jpg], [icon.png]

1 [Background] 파일에 [icon.png]과 [Bokeh.jpg] 사진을 가져온 뒤 자르거나 크기 조절하여 배치합니다.

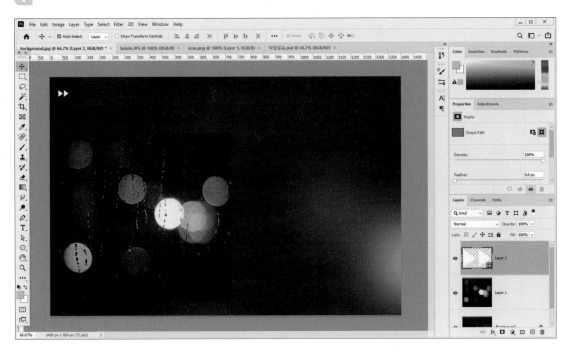

2 [Text.txt] 파일을 열고 텍스트를 복사한 뒤 포토샵에서 T 수평 문자 도구(T)를 선택하고 작업화면을 클릭하여 붙여 넣습니다. 옵션바에서 서체 모양과 글자 크기, 색상을 지정하여 디자인합니다. 설정을 마쳤다면 단축키 Ctrl+Enter를 눌러 문자 편집 상태를 해제합니다.

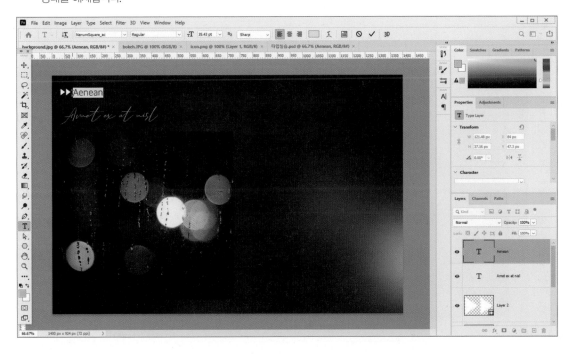

3 정렬을 정확하게 하기 위해 작업화면에 가이드 선을 추가합니다. 단축키 Ctrl+R 을 누르면 작업화면 왼쪽과 상단에 눈금자가 나타납니다. 자 위에서 클릭하고 작업화면으로 드래그 하면 가이드가 생성됩니다. 단축키를 한번 더 누르면 눈금자가 사라집니다. 상세한 가이드 설정은 [View] 메뉴의 여러 Guides 항목을 확인하여 선택합니다.

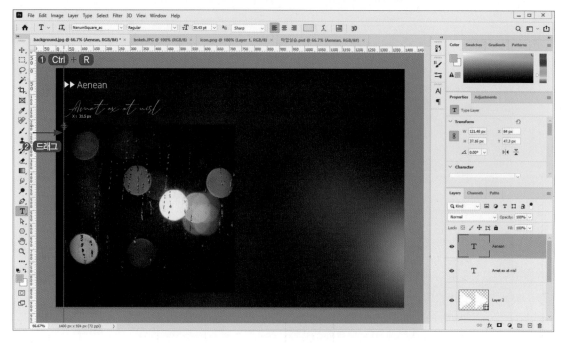

4 T 수평 문자 도구 T 로 드래그 하여 텍스트 영역을 설정합니다. [Text.txt] 파일에서 텍스트를 복사한 뒤 붙여 넣습니다. 텍스트 영역이 설정되었으므로 단락이 텍스트 영역 안에서 조절됩니다. 문자(Character) 패널을 열고 행간을 조절한 뒤 행 마다 서체의 크기와 두께를 각각 다르게 조절하여 디자인합니다. 사용한 서체가 설치되어있지 않은 환경으로 원본 psd 파일을 보낼 경우 서체 레이어를 모두 선택하고 레이어 패널에서 우클릭 메뉴 [Rasterize Type]으로 문자를 래스터화합니다.

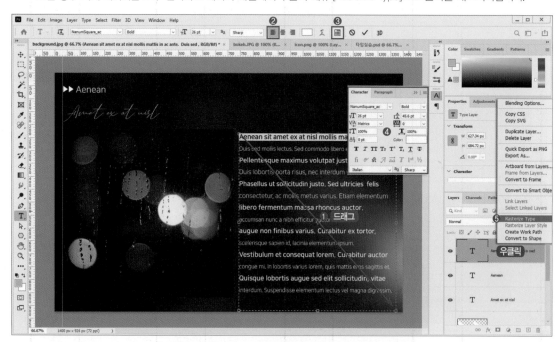

Ps 폰트 다운로드하고 설치하기

서체는 저작권이 있으므로 이용대금을 지불하고 유료 서체를 사용하거나 무료로 배포하는 상업적 사용 가능 서체를 설치하여 사용합니다. 아래의
웹사이트에서 서체를 다운받을 수 있습니다.

눈누폰트 (한글 서체)

https://noonnu.cc

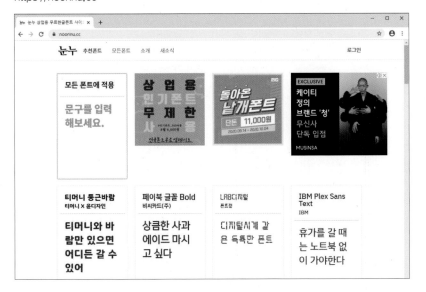

다폰트 (영문 서체)

https://www.dafont.com

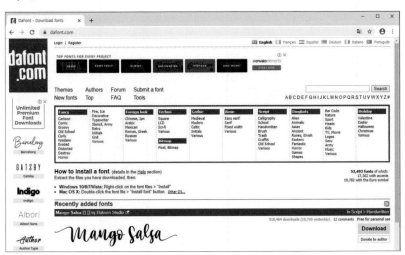

서체마다 사용 범위가 다르므로 반드시 라이센스를 확인하고 사용합니다. 다운받은 서체는 압축을 해제 한 뒤 더
블클릭하고 [설치] 버튼을 누르거나 우클릭 메뉴 [설치]를 클릭합니다.

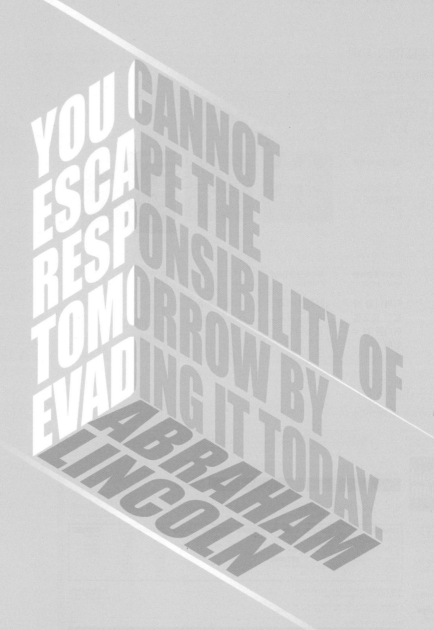

YOU CANNOT ESCAPE THE RESPONSIBILITY OF TOMORROW BY EVADING IT TODAY. ABRAHAM LINCOLN

자율 예제

– 완성작을 참고하여 문자를 쓰고 래스터화 한 뒤, 자유 변형을 하여 입체적인 느낌의 Typography를 표현해봅니다.

복구

CHAPTER 01

내용 인식

| Content-Aware |

선택한 영역을 이미지의 주변 부분에서 샘플링한 픽셀로 자연스럽게 혼합하여 칠합니다.

내용 인식 채우기 📁 [Part7]-[솔방울.jpg]

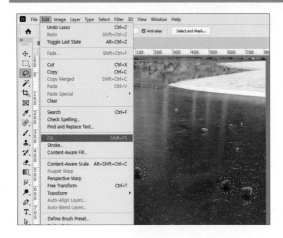

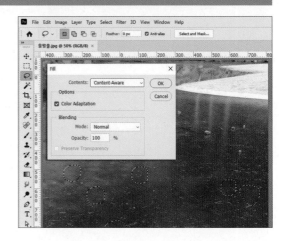

1 주변 픽셀과 비슷하게 칠할 선택 영역을 지정하고 메뉴바 [Edit]-[fill] 메뉴를 클릭합니다.

2 메뉴바 [Edit]-[fill]에서 [Contents] 항목을 [Content-Aware]로 선택하고 [OK]합니다.
- 메뉴바 [Edit]-[Content-Aware Fill]에서 더욱 세밀한 조정을 하여 내용 인식 채우기를 할 수 있습니다.

내용 인식 비율 📁 [Part7]-[표지판.jpg]

사람이나 건물, 동물 등과 같이 중요한 영역을 변형하지 않고 이미지 크기를 조정할 수 있습니다. 일반적인 비율 조정은 이미지 크기 조정 시 모든 픽셀을 균일하게 변경하지만 내용 인식 비율은 중요한 시각적 내용이 없는 영역의 픽셀만 조정합니다. 선택 영역을 저장하여 중요한 영역을 보호하고 사용합니다.

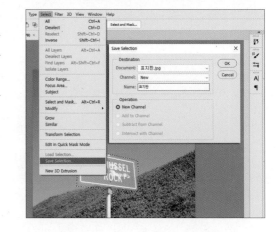

1 조정하지 않을 중요한 부분을 선택 영역으로 지정합니다.

2 메뉴바 [Select]-[Save Selection]에서 선택 영역의 이름을 입력하고 저장합니다. • 저장된 영역은 채널(Channel) 패널에서 확인할 수 있습니다.

실전 웹제작 배우는 **포토샵**

3 단축키 Ctrl+D를 눌러 선택 영역을 해제하고 [Background] 레이어의 잠금 버튼을 눌러 잠금을 해제합니다. 단축키 C를 눌러 🔲 자르기 도구로 드래그 하여 문서 너비를 넓게 변경하고 메뉴바 [Edit]-[Content-Aware Scale]을 선택합니다.

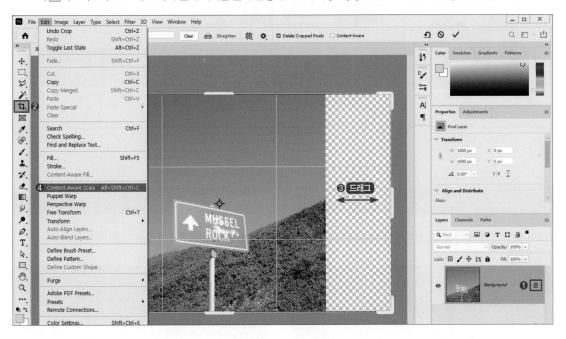

4 옵션바의 [Protect] 항목에서 저장한 선택 영역을 지정한 뒤 바운딩 박스를 드래그 하여 너비를 조정합니다. Enter 키를 눌러 적용합니다. 지정한 선택 영역의 픽셀은 보호되어 변형되지 않고 중요한 시각적 내용이 없는 주변의 픽셀만 늘어나며 자연스럽게 변형되었습니다.

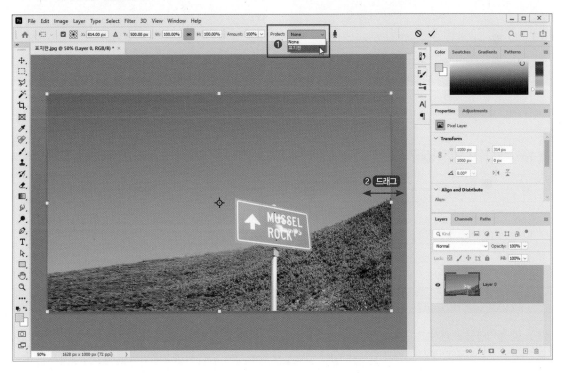

CHAPTER 02

복구 브러시 도구

| Healing Brush Tool |

복구할 부분을 주변 이미지와 비슷하게 채우는 도구입니다. 사용하고자 하는 주변 샘플 영역 픽셀의 텍스처와 명도 등을 복구 중인 픽셀과 똑같이 만들어 혼합합니다. 인물 보정 및 자연스러운 합성에 사용합니다. 단축키 J

스팟 복구 브러시 도구(Spot Healing Brush Tool) [Part7]–[벚꽃.jpg]

샘플 포인트를 정하지 않고 복구를 원하는 부분을 클릭하면 주변 픽셀과 비슷하게 자동으로 칠합니다.

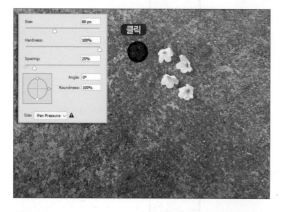

1 작업화면에서 마우스 우클릭 하여 복구할 영역만큼 브러시 크기를 조절한 뒤 주변 픽셀과 비슷하게 복구할 부분을 클릭합니다.

2 자동으로 주변 픽셀과 비슷하게 채워집니다. 반복하여 꽃을 모두 없앱니다. 브러시 크기 조절 단축키 ［, ］

스팟 복구 브러시 도구 옵션

Type : [Content-Aware] 선택 영역에 인접한 주변 이미지의 명암과 질감을 비교하여 비슷하게 채웁니다.

복구 브러시 도구(Healing Brush Tool) [Part7]–[차밭.jpg]

복구 할 영역만큼 브러시 크기를 조절한 뒤, 먼저 Alt 키를 누르고 샘플 포인트를 클릭합니다. 그 다음 선택한 샘플로 복구할 부분을 클릭 또는 드래그 합니다. 샘플 포인트와 복구 영역 주변 픽셀을 혼합하여 비슷하게 칠합니다.

✎ 복구 브러시 도구 옵션

❶ Sampled : 샘플 포인트로 클릭한 부분의 픽셀을 사용합니다.　　**❷ Pattern** : 패턴의 픽셀을 사용합니다.

❸ Aligned : 샘플 포인트를 [Alt] 누르고 클릭한 지점과 도구 적용 위치를 일정한 간격으로 유지합니다.

⊡ 패치 도구(Patch Tool)

미리 선택 영역을 지정하거나, 패치 도구로 복구할 영역을 드래그하여 선택하고 그 선택 영역 안쪽을 다시 드래그
하여 샘플 소스가 있는 작업화면에서 마우스를 놓으면 샘플 소스와 주변 이미지를 혼합하여 칠합니다.

✎ 패치 도구 옵션

❶ Source : 드래그한 뒤 마우스를 놓은 부분의 픽셀을 소스로 사용하여 비슷하게 칠합니다.

❷ Destination : 먼저 선택 영역으로 지정한 부분이 소스가 되어, 드래그한 뒤 마우스를 놓은 부분과 자연스럽게 혼합됩니다.

⚒ 내용 인식 이동 도구(Content-Aware Move Tool)

선택 영역을 지정하고 드래그 한 뒤 Enter 키를 누르면 픽셀이 이동하며 가장자리 처리가 자연스러워지고, 이동 전 영역은 주변 픽셀과 비슷하게 자동으로 채워집니다.

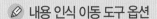

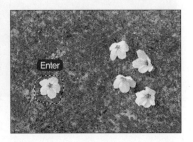

✐ 내용 인식 이동 도구 옵션

Mode : [Move]—선택 영역의 픽셀이 이동하며, 이동 전 영역은 주변 픽셀과 비슷하게 자동으로 채워집니다. [Extend]—선택 영역의 픽셀이 복사되어 이동하며 가장자리 처리가 자연스러워지고, 이동 전 영역도 변경 없이 그대로 유지됩니다.

자율 예제 | 📁[Part7]-[초원.jpg]

－다양한 복구 브러시 도구로 원본에 있는 사람을 제거하여 사람이 없는 배경사진을 만들어봅니다.

리터칭

CHAPTER 01

복제 도장 도구

| Clone Stamp Tool |

복제 도장 도구는 샘플링 영역의 픽셀을 똑같이 복제하여 사용하는 도구입니다. 복구 브러시는 자연스럽게 혼합을 하지만 복제 도장 도구는 합성 없이 그대로 복제합니다. 선택한 브러시 모양대로 복제할 수 있습니다. 단축키 S

복제 도장 도구(Clone Stamp Tool) ■ [Part8]-[립스틱.jpg]

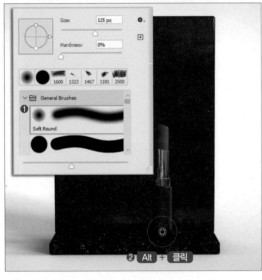

1 작업화면에서 마우스 우클릭 하여 사전 설정 창에서 브러시 팁을 선택하고 사이즈를 조절한 뒤, 샘플링 영역을 먼저 Alt키 누르고 클릭하여 복제합니다.

2 바닥의 경계면부터 잘 맞춰 드래그 하여 복사된 픽셀로 리터칭 합니다. (옵션바의 [Opacity] 항목의 값이 낮으면 투명하게 칠해집니다. 100%로 설정하여 칠합니다.)

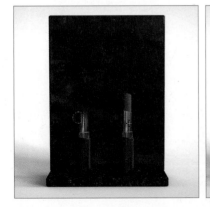

3 립스틱이 똑같이 복제되어 하나 더 만들어졌습니다.

실전 예제로 배우는 포토샵

CHAPTER
02

노출 조절

닷지 도구는 이미지를 밝게 조정하고 번 도구는 어둡게 조정합니다. 명도를 조절하여 이미지에 입체감을 줄 수 있습니다. 단축키 ⓞ

🔍 닷지 도구(Dodge Tool) 📁 [Part8]-[커피].jpg

클릭할수록 영역이 밝아집니다. 우클릭하여 브러시 크기와 모양을 설정 후 밝게 조정할 영역을 클릭합니다.

▲ 조정 전

▲ 조정 후

🖐 번 도구(Burn Tool)

클릭할수록 영역이 어두워집니다. 우클릭하여 브러시 크기와 모양을 설정 후 어둡게 조정할 영역을 클릭합니다.

▲ 조정 전

▲ 조정 후

닷지, 번 도구 옵션

❶ **Range** : [Midtones]-중간 영역 조절 / [Shadows]-어두운 영역 조절 / [Highlights]-밝은 영역 조절
❷ **Exposure** : 도구 노출 강도(수치가 낮을수록 약한 강도로 적용합니다.)

CHAPTER 03 | 초점 조절

흐림 효과 도구와 선명 효과 도구로 픽셀을 흐리게 하거나, 선명하게 조정합니다.

◊ 흐림 효과 도구(Blur Tool)

마우스 우클릭 하여 사용할 브러시 팁을 선택합니다. 클릭하거나 드래그할수록 픽셀이 점점 흐려지고 가장자리가 부드러워집니다.

△ 선명 효과 도구(Sharpen Tool)

클릭하거나 드래그할수록 픽셀이 점점 선명해지고 가장자리가 날카로워집니다.

∾ 스머지 도구(Smudge Tool)

사용자가 드래그하는 방향으로 선택한 색상을 문질러 번지는 효과를 줍니다. 옵션바의 [Strength] 수치에 따라 강도가 달라지므로 낮은 수치(20%)로 사용하여 자연스럽게 번지는 효과를 표현합니다.

  Mode: Normal Strength: 100% △ 0° ☐ Sample All Layers

세 가지 도구 모두 옵션바의 [Strength] 항목으로 도구 사용 강도를 조절합니다. 수치가 낮을수록 약하게 적용합니다.

1 새 레이어를 만든 다음, ✏️브러시 도구⒝를 선택하여 작업화면에서 마우스 우클릭하고 브러시 팁 모양과 크기를 설정합니
다. 옵션바 항목들을 아래와 같이 확인하고 연기 모양으로 드로잉합니다.

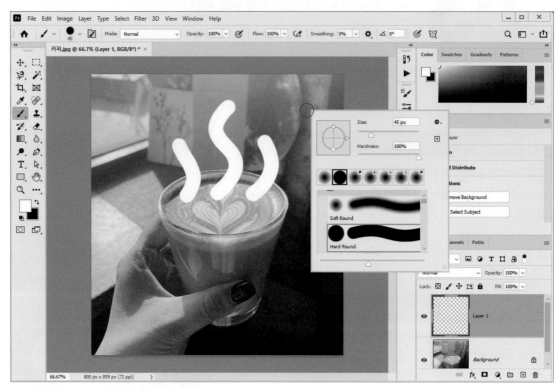

2 연기 모양의 픽셀을 흐리게 만들기 위해 [Filter]-[Blur]-[Gaussian Blur] 메뉴를 선택하고 [Radius] 항목을 35px로 입력하고
[OK]합니다. • 필터에 관한 자세한 사항은 Part 13의 다양한 필터 활용을 참고합니다.

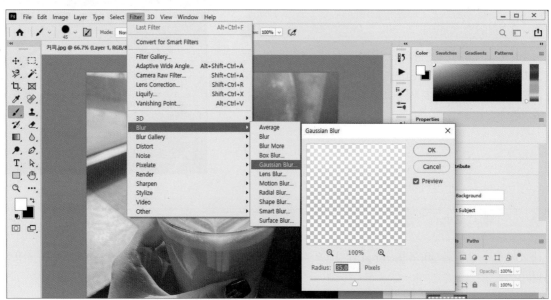

3 📷스머지 도구를 선택하고 브러시 크기와 팁 모양을 설정한 뒤 드래그 하여 연기 모양을 자연스럽게 문질러 표현합니다.

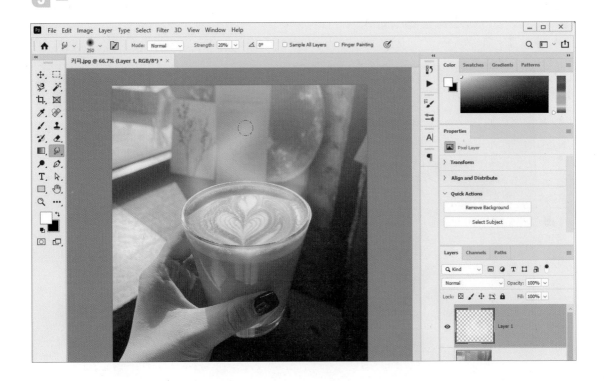

4 ★중요★ 원본 이미지의 데이터를 보존하고 새 작업을 하기 위해 [Background] 레이어를 선택하고 단축키 Ctrl+J를 눌러 레이어를 복제합니다.
△선명 효과 도구를 선택하고 브러시 팁 모양과 크기를 설정한 뒤, 커피잔의 상단 크레마 부분을 클릭하여 픽셀을 선명하게 표현합니다.

5 아웃 포커싱 효과를 주기 위해 ⬤흐림 효과 도구를 선택하고 커피잔 주변을 드래그 하여 픽셀을 흐리게 표현합니다.

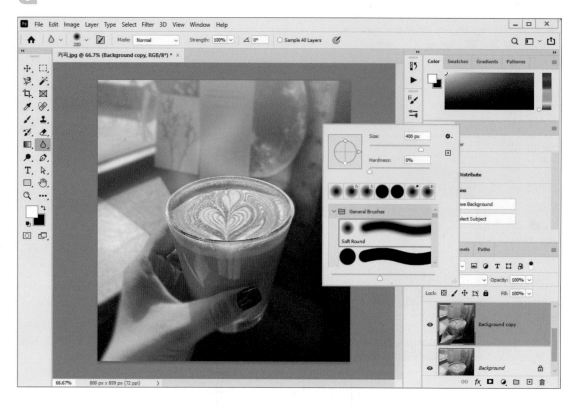

6 빛이 강하게 들어오는 표현을 위해 ⬤닷지 도구⒪를 선택합니다. 브러시 팁 모양과 크기를 설정한 후 아래와 같이 옵션바 항목을 확인하고 드래그하여 밝은 영역을 표현합니다.

7 어두운 부분을 더욱 어둡게 나타내기 위하여 ⊜번 도구⚪를 선택합니다. 브러시 팁 모양과 크기를 설정한 후 아래와 같이
옵션바 항목을 확인하고 드래그하여 어두운 영역을 표현합니다.

8 커피 부분이 주변보다 더 밝고 선명하게 보정되었습니다.

▲ 조정 전

▲ 조정 후

- 원본 사진에는 별이 많지 않으므로 복제 도장 도구를 사용하여 복제하고, 흐림 효과와 선명 효과 도구 등을 사용하여 달과 별이 빛나는 밤하늘을 표현해봅니다.

실전 예제로 배우는
포토샵

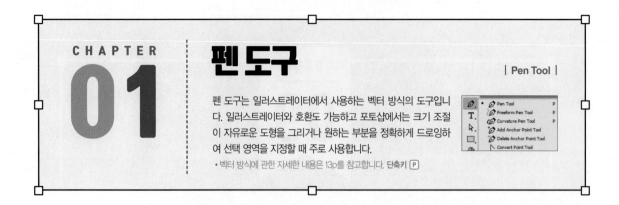

CHAPTER
01

펜 도구

| Pen Tool |

펜 도구는 일러스트레이터에서 사용하는 벡터 방식의 도구입니다. 일러스트레이터와 호환도 가능하고 포토샵에서는 크기 조절이 자유로운 도형을 그리거나 원하는 부분을 정확하게 드로잉하여 선택 영역을 지정할 때 주로 사용합니다.

• 벡터 방식에 관한 자세한 내용은 13p를 참고합니다. 단축키 P

펜 도구(Pen Tool) 📁 [Part9]-[P9_펜툴연습.psd]

펜 도구 옵션바에서 [Path]모드를 선택합니다.

직선 그리기

클릭하여 직선으로 패스를 연결합니다. Ctrl키를 누르고 빈 작업화면을 클릭하면 패스가 끊어집니다. 시작점에서 닫힘 커서⬚가 나타났을 때 클릭하면 끝점과 연결되어 닫힌 패스가 됩니다. 패스를 새로 시작할 수 있을 때는 시작점 커서⬚가 나타납니다.

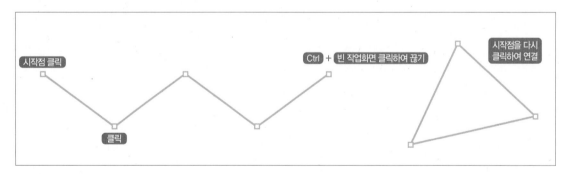

열린 패스

패스의 시작점과 종료점이 연결되어있지 않은 패스입니다.

닫힌 패스

패스의 시작점과 종료점이 일치하여 연결되어 있는 패스입니다.

수평, 수직, 45° 대각선 그리기

Shift키를 누르고 클릭하면 반듯한 선분이 그려집니다.

실전 예제로 배우는 포토샵

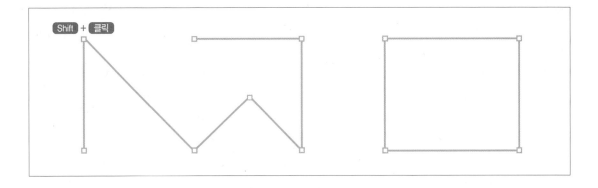

곡선 그리기

고정점의 클릭을 꾹 유지한 채로 마우스를 드래그하여 곡선 선분을 그립니다. 고정점에 대칭으로 두 방향의 방향선(Handle)이 생깁니다. 방향선이 향하는 방향으로 선분이 그려지고, 방향선의 길이에 따라 곡선의 곡률이 달라집니다. 방향선이 짧을수록 곡률이 낮습니다.

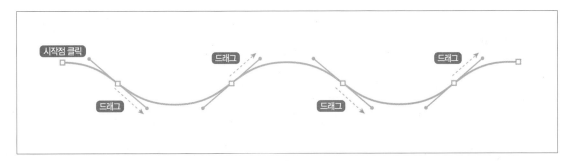

직선과 곡선 함께 그리기

다음 선분을 직선으로 연결할 때 이전에 생긴 방향선이 필요 없는 경우 Alt 키를 누르고 고정점에 마우스를 대면 점 변환 커서 가 나타납니다. 클릭하여 방향선을 삭제합니다.

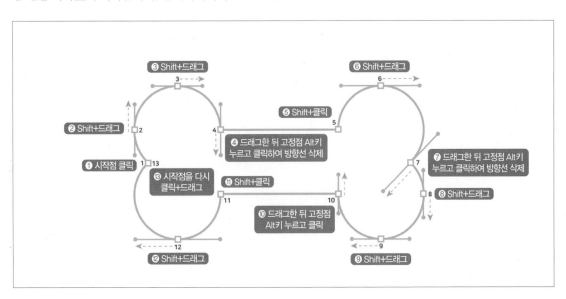

방향선 변경하기

방향선을 삭제하지 않고 원하는 방향으로 바꿀 경우 [Alt]키를 누르고 방향선의 끝 점에 마우스를 대면 고정점 변환 커서[↖]가 나타납니다. [Alt]키를 누른 상태에서 방향선 끝 점을 드래그하여 변경합니다.

드로잉 도중 방향을 변경하려면 드래그한 채 마우스를 놓지 않은 상태에서 바로 [Alt]키를 누르고 원하는 방향으로 드래그합니다.

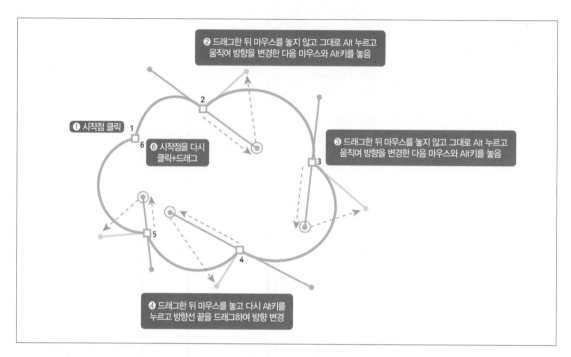

🖊️ 고정점 추가 도구(Add Anchor Point Tool)

선분 위에서 클릭하여 고정점을 추가합니다.

🖊️ 고정점 삭제 도구(Delete Anchor Point Tool)

고정점 위에서 클릭하여 고정점을 삭제합니다.

⋀ 고정점 변환 도구(Convert Point Tool)

곡선 연결이 되어있는 고정점을 클릭하면 방향선이 삭제되며 직선 연결로 변환하고, 직선 연결이 되어있는 고정점을 드래그하면 방향선이 생기면서 곡선 연결로 변환합니다.

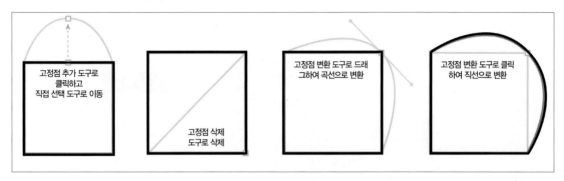

고정점 추가 도구로 클릭하고 직접 선택 도구로 이동

고정점 삭제 도구로 삭제

고정점 변환 도구로 드래그하여 곡선으로 변환

고정점 변환 도구로 클릭하여 직선으로 변환

패스 연결하기

펜 도구로 끝 고정점에 마우스를 대면 고정점 연결 커서 가 나타납니다. 클릭하고 다음 고정점도 클릭하여 연결합니다.

패스 수정

– 패스 선택 도구(Path Selection Tool) 단축키 Ⓐ

색이 없고 레이어도 없는 패스는 이동 도구Ⓥ로 선택할 수 없습니다. 패스 선택 도구로 패스를 모두 선택하고 크기를 조절하거나 이동합니다. 고정점이나 선분의 부분 선택은 되지 않습니다.

– 직접 선택 도구(Direct Selecttion Tool) 단축키 Ⓐ

고정점이나 선분을 부분 선택하여 수정합니다. 고정점이나 선분을 클릭하거나 작업화면을 드래그 하여 선택 영역을 지정하면 영역 안의 모든 고정점이 선택됩니다.

✎ 펜 도구 옵션

❶ **[Shape]** : 벡터 방식의 패스를 그리고 Fill/Stroke를 채색합니다. 벡터 방식의 새로운 레이어가 만들어집니다.

　[Path] : 벡터 방식의 도형을 그리나 채색하지 않습니다. 레이어는 만들어지지 않고 Path 패널에서 패스를 확인할 수 있습니다.

　[Pixels] : 비트맵 방식으로 패스를 그립니다. 선택된 레이어에 전경색으로 채색됩니다.

❷ **Fill** : 패스 안쪽을 채우는 색입니다. 색상 섬네일을 클릭하여 왼쪽부터 차례대로 색 없음/색상 스와치/그레이디언트/패턴/색상 피커입니다. 칠 형태를 선택하고 색을 채웁니다.

❸ **Stroke** : 패스 테두리의 색상과 두께를 설정합니다.

❹ **Stroke Option** : 패스 테두리의 모양과 선 위치, 끝 처리 등을 설정합니다.

펜 도구 P의 옵션바에서 [Path]모드를 선택하고, 겹쳐진 패스 영역을 제외하기 위해 [Path Operations] 항목
에서 [Exclude Overlapping shapes] 메뉴를 선택한 뒤 의자의 외곽선을 따라 패스를 그립니다.

패스를 선택 영역으로 변환

패스는 선택 영역이 아니므로 패스를 그리고 Ctrl+C 복사를 하면 레이어의 픽셀이 복사되지 않고 패스 패널의 패
스가 복사됩니다. 따라서 필요에 따라 패스 패널에서 선택 영역으로 변환하여 사용합니다. 단축키 Ctrl+Enter

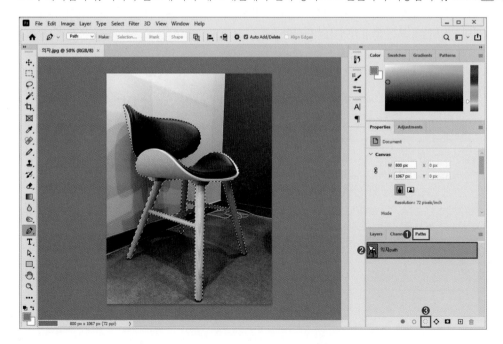

실전 예제로 배우는 포토샵

CHAPTER 02

모양 도구

| Shape Tool |

벡터 방식과 비트맵 방식 두 가지로 여러 가지 도형을 그리는 도구입니다. 단축키 Ⓤ

🔲 사각형 도구(Rectangle Tool)

1 모양 도구 사용 시 작업화면을 클릭하면 도구 대화상자가 열립니다. 수치를 입력하고 [OK]를 누르면 사각형이 만들어집니다.

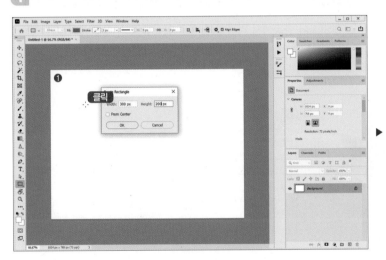 ▶

2 작업화면에서 드래그 하여 자유롭게 그릴 수 있습니다.

• Shift 키를 누르고 드래그하면 정 사각형, Alt 키를 누르고 드래그 하면 클릭한 지점이 도형의 중심이 되어 그려집니다.

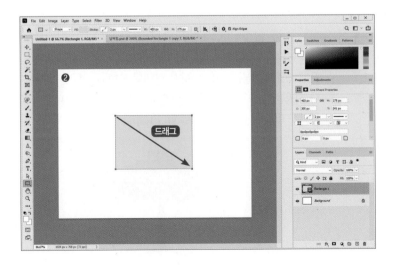

◯ 원형 도구(Ellispse Tool)

원형을 그립니다. 그리는 방법은 사각형 도구와 같습니다.

◻ 둥근 사각형 도구(Rounded Rectangle Tool)

모서리가 둥근 사각형을 그립니다. 드래그하여 그릴 경우, 먼저 옵션바의 Radius: 5 px [Radius] 항목에서 모서리 라운드 수치를 입력하고 그립니다.
• 2021년 2월 릴리스(버전 22.2) 이전 버전

⬡ 다각형 도구(Polygon Tool)

다각형을 그립니다. 먼저 옵션바의 Sides: 6 [Sides] 항목에서 다각형의 변을 입력합니다. 옵션바의 ⚙설정 아이콘을 눌러 항목을 입력하면 별 도형, 둥근 다각형 도형 등 다양한 형태의 다각형을 그릴 수 있습니다.

• 다각형 도형은 Alt 를 누르지 않아도 클릭한 지점이 도형의 중심이 되어 그려집니다. Shift 는 45°씩 각도를 설정합니다.

Side: 6

설정[Star] 체크
Indent Side By : 50%

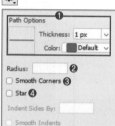

❶ Path Option : Path 선 설정
❷ Radius : 반지름
❸ Smooth Corner : 둥근 모서리 처리
❹ Star : 별 도형
　Indent Side By : 내각 수치
　Smooth Indent : 내각 둥근 모서리 처리

╱ 선 도구(Line Tool)

작업화면을 드래그하여 직선을 그립니다.

☘ 사용자 정의 모양 도구(Custom Shape Tool)

옵션바에서 견본에 있는 다양한 형태의 도형 Shape: ♣▾ 을 선택하거나 사용자가 그린 Path를 모양으로 등록하여 사용합니다. 모양 등록은 [Edit]-[Define Custom Shape] 메뉴에서 합니다.

• 2021년 2월 릴리스(버전 22.2)부터 둥근 사각형 도구는 없어지고 삼각형 도구(Triangle Tool)와 Live Corners widget 기능이 추가되었습니다. 25p를 참고합니다.

✏️ 도형 도구 옵션

❶ [Shape] : 벡터 방식의 도형을 그리고 Fill/Stroke를 채색합니다. 벡터 방식의 새로운 레이어가 만들어집니다.

[Path] : 벡터 방식의 도형을 그리나 채색하지 않습니다. 레이어는 만들어지지 않고 Path 패널에서 패스를 확인할 수 있습니다.

[Pixels] : 비트맵 방식으로 도형을 그립니다. 선택된 레이어에 전경색으로 채색됩니다.

❷ Fill : 패스 안쪽을 채우는 색입니다. 색상 섬네일을 클릭하여 ▨ ▦ ▥ ▦ ▥ 왼쪽부터 차례대로 색 없음/색상 스와치/그레이디언트/패턴/색상 피커입니다. 칠 형태를 선택하고 색을 채웁니다.

❸ Stroke : 패스 테두리의 색상과 두께를 설정합니다.

❹ Stroke Option : 패스 테두리의 모양과 선 위치, 끝 처리 등을 설정합니다.

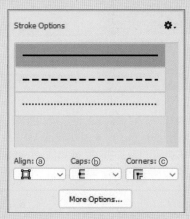

ⓐ Align : 테두리의 위치를 패스 안쪽, 패스 중간, 패스 바깥쪽으로 설정합니다.

ⓑ Caps : 패스의 끝 감싸기 처리를 설정합니다.

ⓒ Corners : 모서리 처리를 설정합니다.

❺ 너비와 높이 크기를 지정합니다. [∞]종횡비 고정 버튼을 누르면 비율이 고정됩니다.

🖱 Shape를 이용한 광고 제작 실습

1 1000*1000 / 72ppi / RGB 모드의 새 문서를 만들고 배경색을 칠합니다.

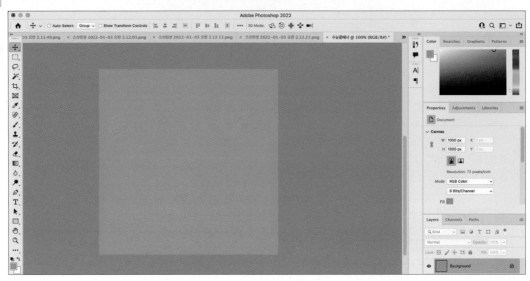

2 도트 패턴을 만들기 위해 15*15 / 72ppi / RGB 모드의 새 문서를 만들고 ❶백그라운드 레이어의 눈을 꺼 비활성화 한 뒤, ❷새 레이어를 생성합니다. ❸✏️브러시 도구B에서 가장자리가 선명한 원형 브러시를 선택 후 크기를 5px 사이즈로 지정합니다. ❹**1**번에서 칠하였던 배경색보다 진한 색상을 선택하고 찍습니다. ❺➕️이동 도구V를 선택하고 옵션바에서 ❻ 정렬 아이콘을 클릭하여 기준을 canvas로 지정한 뒤 ❼수평가운데 정렬, 수직 가운데 정렬을 적용합니다.

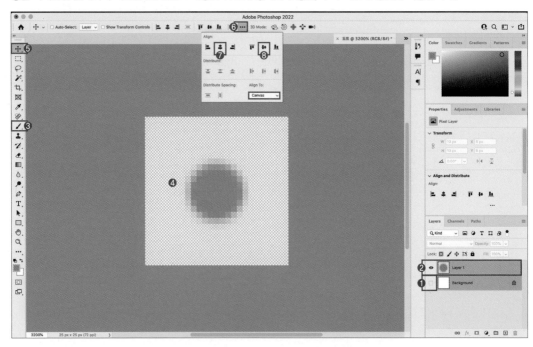

3 메뉴바 [Edit]–[Define Pattern]을 눌러 패턴으로 등록합니다.

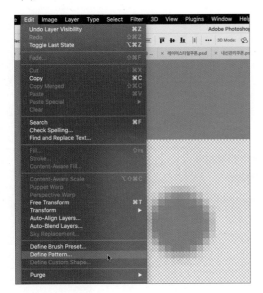

4 **1**번에서 만들었던 새 문서로 돌아와 새 레이어를 만들고 [Edit]–[Fill] 메뉴에서 직전에 만들었던 도트 패턴을 선택하고 [OK]하여 패턴을 적용합니다.

5 Title 문구를 기입하고 Ctrl+J를 눌러 레이어를 복제합니다. 복제된 레이어 아래의 문자 레이어를 선택하고 문자 색상을 글자의 그림자가 될 색상으로 변경합니다.

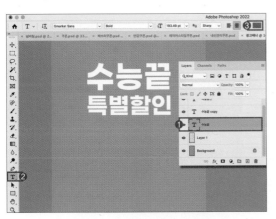

6 형태 변형을 위해 마우스 우클릭 메뉴에서 Rasterize Type을 클릭하여 래스터화합니다.

7 래스터화를 한 아래 레이어를 선택하고 Ctrl+T를 눌러 Free Transform을 활성화합니다. 아래 사진에 표시된 끝 코너 부분을 Ctrl키 누르고 드래그하여 자유 변형합니다.

8 다음 글자도 **5**~**7**번 작업을 반복하여 그림자를 표현합니다.

실전 예제로 배우는 포토샵

9 ◎원형 도구ⓤ 선택 후 상단 옵션을 [Shape]으로 지정합니다. 말풍선을 만들 원을 그린 다음 [Path Operations] 항목을 [Combine Shapes]으로 변경합니다.

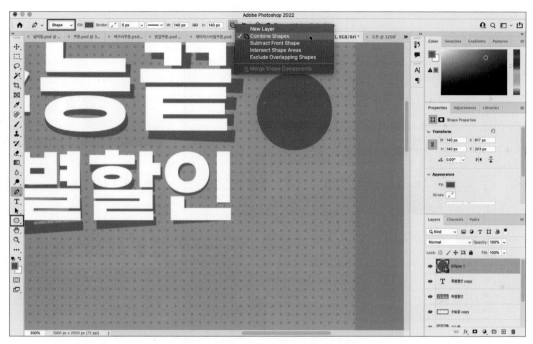

10 ◎펜 도구ⓟ 선택 후 원을 그린 레이어가 선택 되어있는 상태로 상단 옵션을 [Shape]으로 지정하고 화면을 클릭하여 말 풍선의 뾰족한 부분을 그립니다. Path Operations 항목이 Combine Shapes이므로 Path가 병합됩니다.

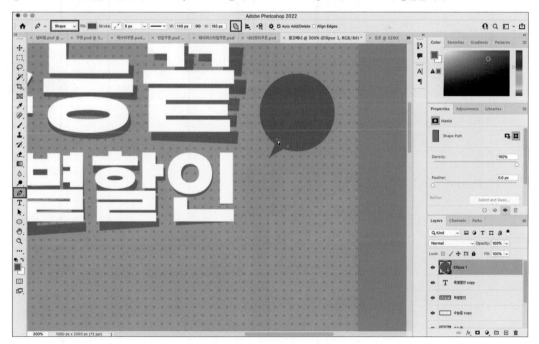

11 쿠폰을 만들기 위해 ▢사각형 도구ⓤ 선택 후 상단 옵션을 Shape으로 지정하고 긴 직사각형을 그립니다. ◉라이브 코너 위젯(Live Corners widget)을 드래그 하여 라운드 코너로 변경합니다. 없는 버전을 사용중이라면 ▢둥근 사각형 도구 (Rounded Rectangle Tool)를 선택하고 상단 옵션바의 Radius값을 40px 정도로 입력하고 그립니다.

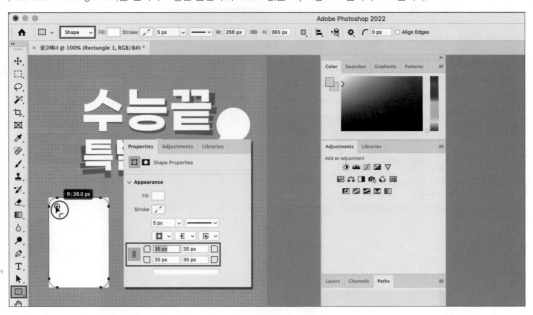

12 상단을 반원 모양으로 오려내기 위해 ✛이동 도구ⓥ를 선택하고 ❶대지의 빈 공간을 클릭하여 아무 레이어도 선택하지 않습니다. ❷다시 직전에 그린 사각형 레이어를 클릭하고 ❸◯원형 도구ⓤ를 선택합니다. ❹상단 옵션바의 [Path Operations] 항목을 [Subtract Front Shape]으로 지정합니다.

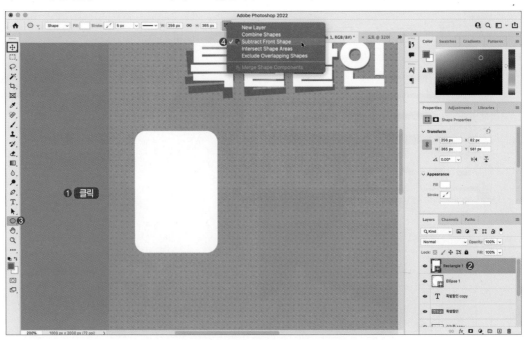

13 정원을 그리고 라운드 사각형의 상단과 원의 반쪽이 딱 맞도록 위치를 조정합니다.

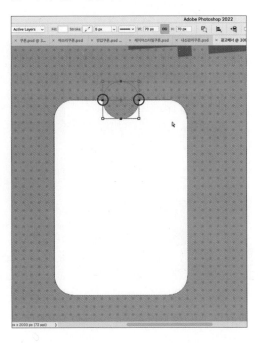

14 중앙을 맞추기 위하여 ▶패스 선택 도구ⒶA로 두 Shape를 드래그하여 모두 선택하고 수평가운데 정렬합니다.

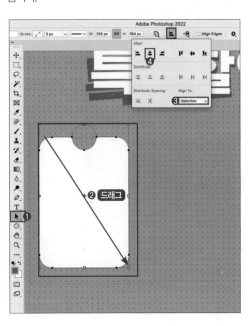

15 Properties 패널에서 link 버튼⑧을 눌러 비활성화 하고 왼쪽 하단과 오른쪽 하단의 Corner Radius 값을 0으로 변경합니다.

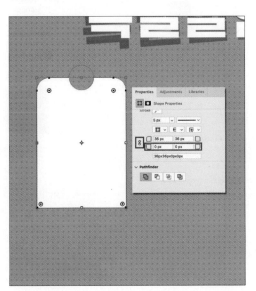

16 쿠폰이 끼워져 있는 홈을 만들기 위해 □사각형 도구 Ⓤ로 **11**번의 방법과 같이 긴 라운드 사각형을 생성합니다.

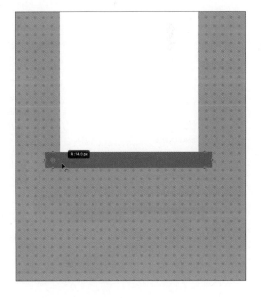

17 긴 라운드 사각형의 레이어 위치를 먼저 그렸던 쿠폰 레이어보다 아래로 조정하고 두 레이어 선택 후 수평가운데 정렬합니다.

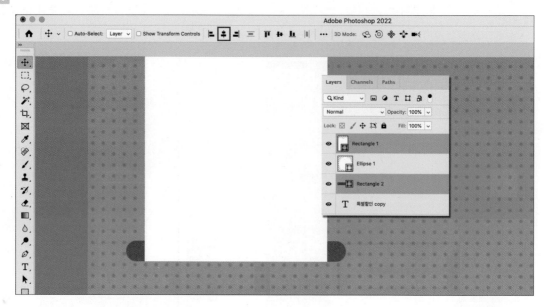

18 **11**번에서 그렸던 라운드 사각형의 쿠폰 레이어를 더블클릭하여 Layer Style을 열고 아래과 같이 적용합니다.

• 레이어스타일의 자세한 내용은 Part 13의 레이어 효과 및 스타일을 참고합니다.

– Drop Shadow

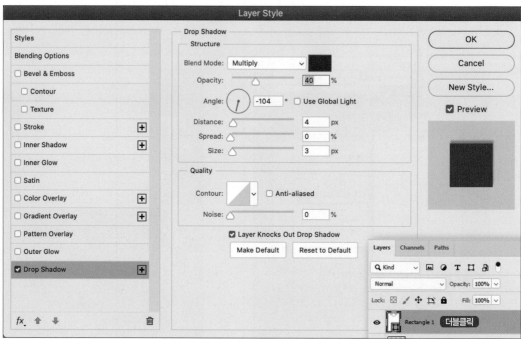

19 **16**번에서 그린 아래쪽의 긴 사각형 레이어를 더블클릭하여 Layer Style을 열고 아래와 같이 적용합니다.
– Inner Shadow

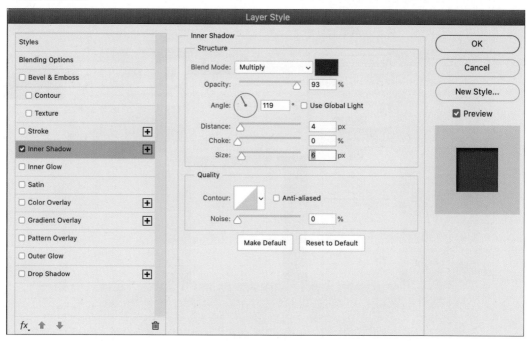

20 두 레이어를 선택하고 그룹 Ctrl + G으로 만든 뒤, 2번 더 복제 Ctrl + J합니다. 3개의 그룹 위치를 조정하고 정확하게 등간격 정렬하려면 세 그룹을 모두 선택하여 수평 중앙 기준 등간격 정렬 아이콘을 누릅니다.

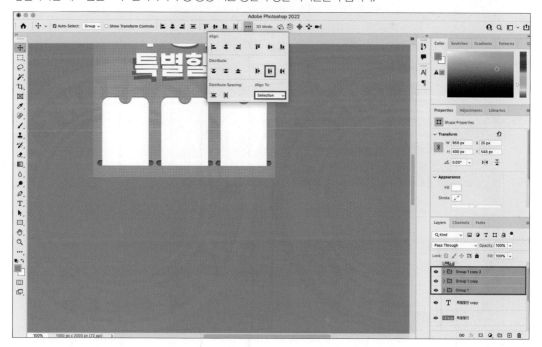

21 쿠폰의 절취선을 표현하기 위해 🖊펜 도구 P로 직선을 그리고 점선을 적용합니다. Stroke Options 대화상자 하단의 More Options 항목을 클릭하면 Dash(점 길이)와 Gap(점 사이의 거리)를 직접 입력할 수 있습니다.

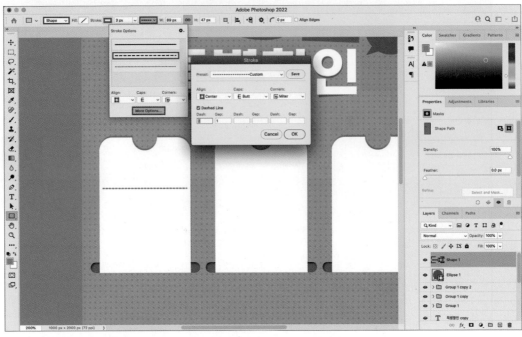

22 점선을 복제하여 다른 쿠폰에도 배치하고 적당한 문구를 입력하여 완성합니다.

CHAPTER 03

패스를 활용한 문자 입력

패스를 활용하면 텍스트 영역을 여러 가지 모양으로 지정할 수 있고 문자를 다양한 선 형태로
흐르게 디자인할 수 있습니다.

패스 영역 안쪽에 문자 채우기 📁 [Part9]–[일몰.jpg]

1 ◎원형 도구U로 옵션바 모드는 [Path]를 선택하고
작업화면에 원을 그립니다.

2 T수평 문자 도구T로 패스 안쪽에 마우스를 대면
영역 문자 커서I가 나타납니다. 클릭하면 패스 안
쪽에 문자를 씁니다.
정렬(Paragraph) 패널에서 양끝 정렬 아이콘을 선택
하여 원형 영역 안에 단락 양 끝이 딱 맞게 채워지도
록 문자를 정렬합니다.

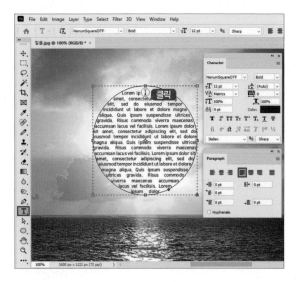

1 문서 중앙에 가이드 선을 만들기 위해 단축키 Ctrl+R을 눌러 눈금자를 표시합니다. 작업화면 왼쪽과 상단에 눈금자가 나타납니다. 자 위에서 클릭하고 작업화면으로 드래그 하면 가이드가 생성됩니다. 보통 Snap 기능이 활성화되어있기 때문에 문서 가운데 주변에 마우스를 가까이 대면 끌어당기는 느낌으로 중앙이 인지됩니다.

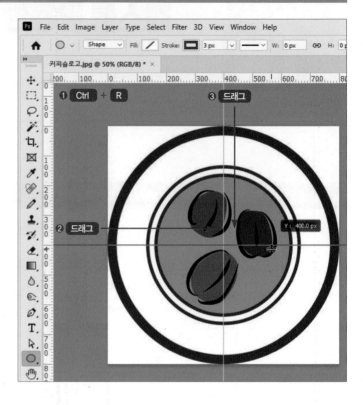

2 ⭕원형 도구U로 옵션바의 모드는 [Path]를 선택 후 가이드 선 중앙에서 드래그 하며 Alt+Shift키를 눌러 중앙에 원형 패스를 그립니다.

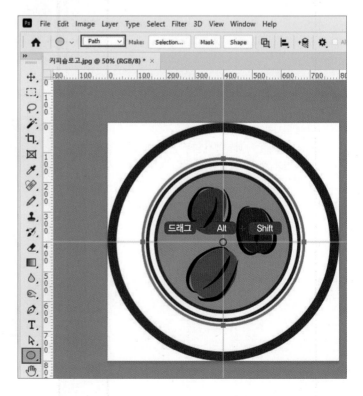

3 T 수평 문자 도구(T)를 선택하고 클릭한 지점에서부터 왼쪽으로 문자를 쓰기 위해 옵션바의 정렬 방식을 왼쪽 정렬로 지정합니다. 패스 안쪽에 마우스를 대면 패스 상의 문자 커서(Ⓘ)가 나타납니다. 클릭하면 패스 선을 따라 문자를 씁니다.

4 패스 상의 문자 커서(Ⓘ)로 패스 선을 따라 문자를 쓰면 문자의 시작 점과 끝 점이 생깁니다.

▶ 패스 선택 도구(A)로 패스에 마우스를 대면 문자 시작점(Text Start Point) 커서(▶)와 문자 끝점(Text End Point) 커서(◀)가 나타납니다.
드래그 하여 문자의 시작 위치와 끝나는 위치를 변경하여 문자의 영역을 조정합니다.

5 문자 레이어를 선택하고 단축키 Ctrl+J를 눌러 복제합니다. 먼저 입력하였던 레이어는 가시성버튼을 눌러 눈을 꺼 잠시 비활성화합니다. 복제된 문자 내용은 지우고 로고 하단에 들어갈 문구로 변경하여 입력합니다.

6 패스 선택 도구(A)를 선택하고, 패스 선 위에서 문자 시작점(Text Start Point) 커서가 표시되었을 때 패스 안쪽으로 드래그하면 문자 입력 방향이 변경됩니다.

 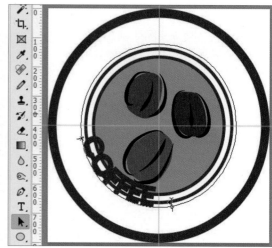

7 단축키 Ctrl + T 를 눌러 자유 변형을 실행하고 바운딩 박스를 조절하여 크기를 키웁니다. 가운데를 고정하고 크기 조절을 하기 위해 Alt 키를 누르고 드래그합니다. T 수평 문자 도구 T 로 자간과 글자 크기를 조절하고 패스 선택 도구 A 로 문자의 시작점과 끝점을 조절합니다.

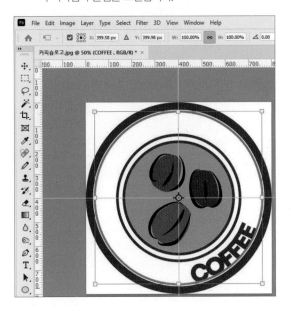 

8 눈을 꺼놓았던 가시성버튼을 눌러 레이어를 다시 활성화 하고 완성합니다.

－펜 도구를 사용하여 손만 오려내고 다른 배경에 합성하여 달을 따는 모습을 연출해봅니다.

이미지 보정

01_ 조정 Adjustment

CHAPTER 01 조정

| Adjustment |

이미지의 빛과 색, 분위기 등을 전문적으로 수정하고 보정할 수 있는 메뉴입니다. 그래픽 이미지의 색상, 명도와 채도를 조절하고 보정하는 기능으로 구성되어 있습니다.

이미지 모드

이미지의 색상 모드에 따라 표현되는 색상 범위는 달라집니다. 색상 모드는 [Image]-[Mode] 메뉴에서 변경합니다. CMYK 색 공간은 인쇄 가능한 색상만 표현하므로 조정, 필터 기능 등에 제한이 있어 몇 가지 메뉴가 실행되지 않습니다.

• 색상 모드에 관한 자세한 내용은 15p를 참고합니다.

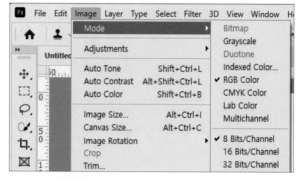

이미지를 조정하려면 [Image]-[Adjustment] 메뉴에서 조정 항목을 선택합니다.

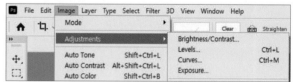

Brightness/Contrast

[Part10]-[라일락.jpg]

명도/대비 조정은 이미지의 색조 범위를 간단하게 조정합니다. 명도(Brightness) 슬라이더를 오른쪽으로 드래그

▲ 조정 전

▲ 조정 후

하면 이미지가 밝아지며, 왼쪽으로 드래그하면 이미지가 어두워집니다. 대비(Contrast) 슬라이더에서는 밝은 영역과 어두운 영역의 차이를 강하게 하거나 약하게 하여 이미지의 전반적인 색조 값 범위를 늘리거나 줄일 수 있습니다.

Levels 단축키 Ctrl+L

[Part10]-[라일락.jpg]

레벨은 이미지의 어두운 영역, 중간 영역, 밝은 영역의 명도를 조정하여 이미지의 대비와 색상 균형을 세밀하게 교정합니다. 레벨 대화상자의 입력 슬라이더가 서로 가까울수록 대비가 강하게 표현됩니다.

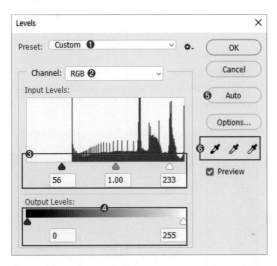

❶ Preset : 포토샵에 기본으로 세팅되어있는 사전 설정값 선택
❷ Channel : 각 원색 채널을 선택하여 해당 색상 영역만 조정
❸ Input Levels(입력 레벨) : 어두운 영역 / 중간 영역 / 밝은 영역 슬라이더로 개별 조정
❹ Output(출력 레벨) : 전체 명도 조정
❺ Auto : 자동 보정
❻ ✎ Sample in Image to set black point : black point 스포이트를 클릭하고 이미지의 가장 어두운 부분을 클릭하면 100% 검정이 되고 그 외 픽셀의 명도 자동 조절

✎ Sample in Image to set gray point : gray point 스포이트를 클릭하고 이미지의 중간 명도 회색 부분을 클릭하면 50% 회색이 되고 그 외 픽셀의 명도 자동 조절

✎ Sample in Image to set white point : white point 스포이트를 클릭하고 이미지의 가장 밝은 부분을 클릭하면 100% 흰색이 되고 그 외 픽셀의 명도 자동 조절

▲ 조정 전

▲ 조정 후

Curves 단축키 Ctrl+M

[Part10]-[라일락.jpg]

곡선은 이미지 색조 범위를 조절하여 명도를 조정합니다. 윗부분에 있는 점을 드래그하면 밝은 영역이 조정되고, 곡선의 아랫부분에 있는 점을 드래그하면 어두운 영역이 조정됩니다. 곡선의 중간 부분을 클릭하여 드래그하면

조절 점이 생기고 중간 영역이 조정됩니다.

❶ Preset : 포토샵에 기본으로 세팅되어있는 사전 설정값 선택

❷ Channel : 각 원색 채널을 선택하여 해당 색상 영역만 조정

❸ Input(입력)/Output(출력) : 드래그하여 명도 조정

❹ Auto : 자동 보정

❺ 🖉 Sample in Image to set black point : black point 스포이트를 클릭하고 이미지의 가장 어두운 부분을 클릭하면 100% 검정이 되고 그 외 픽셀의 명도 자동 조절

🖉 **Sample in Image to set gray point** : gray point 스포이트를 클릭하고 이미지의 중간 명도 회색 부분을 클릭하면 50% 회색이 되고 그 외 픽셀의 명도 자동 조절

🖉 **Sample in Image to set white point** : white point 스포이트를 클릭하고 이미지의 가장 밝은 부분을 클릭하면 100% 흰색이 되고 그 외 픽셀의 명도 자동 조절

▲ 조정 전

▲ 조정 후

Vibrance

📁 [Part10]-[라일락.jpg]

활기 슬라이더는 색상 강도에 영향을 줍니다. 색상에 따라 각기 다른 강도로 색의 느낌이 강해지거나 약해지도록 조정합니다. 채도 슬라이더는 모든 색상 강도를 동일하게 높이거나 낮추지만 활기는 채도를 증가시키더라도 조

▲ 조정 전

▲ 조정 후

실전 예제로 배우는 포토샵

절 한계치에 도달한 영역에 대해서는 채도를 증가시키지 않기 때문에 자연스러운 표현이 가능하고 이미지의 연한 색상에 특히 큰 효과를 발휘합니다. RGB 모드에서만 동작합니다.

Hue/Saturation 단축키 Ctrl+U

📁 [Part10]-[립스틱.jpg]

색조/채도는 이미지에서 특정 색상 범위의 색조, 채도 및 밝기를 조정하거나 이미지에서 모든 색상을 동시에 조정합니다. 회색 톤의 이미지 색상화 또는 단일 톤 효과도 만들 수 있습니다. 색조(Hue)와 채도(Saturation) 슬라이더 조절 시 무채색인 픽셀은 색조와 채도값이 없으므로 변경되지 않습니다.

▲ 조정 전

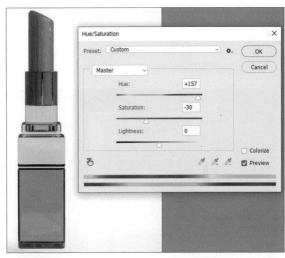

▲ 조정 후

대화상자 하단의 [colorize] 항목에 체크하면 단일 톤 효과가 적용됩니다.

▲ 조정 전

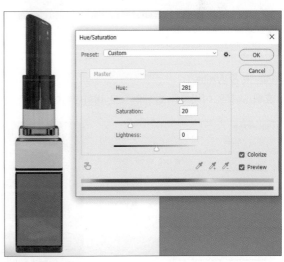

▲ 조정 후

Color Balance 단축키 Ctrl + B

📁 [Part10]-[창문.jpg]

색상 균형은 서로 대비되는 색상의 슬라이더를 조절하여 이미지의 색상 결함을 조정하고 색상의 밸런스를 맞추거나 색상의 전체 혼합을 변경하여 극적인 효과를 만듭니다.

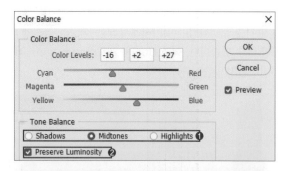

❶ Shadows : 이미지의 어두운 영역 조정
　Midtones : 이미지의 중간 영역 조정
　Highlights : 이미지의 밝은 영역 조정
❷ Preserve Luminosity : 이미지 광도(빛의 강약) 보존

▲ 조정 전

▲ 조정 후

Black & White

📁 [Part10]-[창문.jpg]

흑백 조정은 이미지를 회색 톤으로 변환합니다. 개별 색상 슬라이더로 각 색상 영역의 회색 색조가 더욱 세밀하

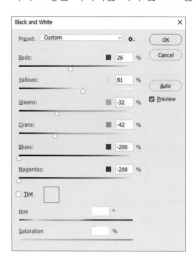

게 조정된 흑백 사진을 만듭니다. RGB 모드에서만 동작합니다. 대화상자 하단의 [tint] 항목에 체크하면 단일 톤 효과가 적용됩니다.

Photo Filter

[Part10]-[창문.jpg]

사진 필터는 카메라로 사진을 찍을 때 들어오는 빛의 색상 균형과 색온도를 조정하기 위해 렌즈 앞에 컬러 필터를 끼우고 얻을 수 있는 효과를 표현합니다. [Density] 항목으로 필터의 밀도를 조절합니다.

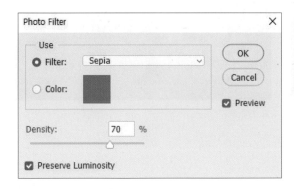

Invert 단축키 Ctrl + I

[Part10]-[로고.jpg]

반전은 이미지의 색상을 반대 색상(보색)으로 반전시킵니다. 흰색의 경우 반대 색상인 검정색이 됩니다.

▲ 조정 전

▲ 조정 후

Posterize

[Part10]-[과일.jpg]

포스터화는 이미지의 각 색조 레벨 수를 지정하여 표현할 수 있습니다. 예를 들어, RGB 이미지에서 두 개의 색조 레벨을 선택하면 색 단계를 줄여 빨강 2가지, 녹색 2가지, 파랑 2가지의 6가지 색상을 표현합니다.

▲ 조정 전

▲ 조정 후

Threshold

[Part10]-[나무.jpg]

한계값 조정은 이미지를 회색조가 없는 흰색 또는 검정색 픽셀로 변환합니다. 특정한 레벨을 한계값으로 지정하면 한계값보다 밝은 픽셀은 모두 흰색으로 변환되며 어두운 픽셀은 모두 검정으로 변환됩니다.

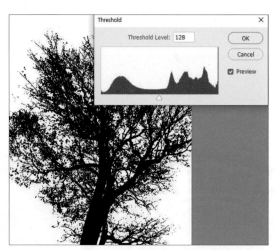

Gradient Map

[Part10]-[나무.jpg]

그레이디언트 맵은 이미지가 흑백이 된 상태에서 그 이미지에 지정된 그레이디언트 색상을 입혀 씌우는 것과 같은 효과입니다. 이미지에 색상 그레이디언트를 추가하여 이중 톤의 디자인을 만듭니다. 다양한 색상을 사용하여 극적이고 컬러풀한 효과로 강렬한 이미지를 연출할 수 있습니다. 이미지의 어두운 영역은 그레이디언트 칠의 왼

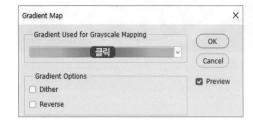

쪽 정지점 색상에 매핑되고 밝은 영역은 오른쪽 정지점 색상에 매핑되며 중간 영역은 그 사이의 그레이디언트에 매핑됩니다.

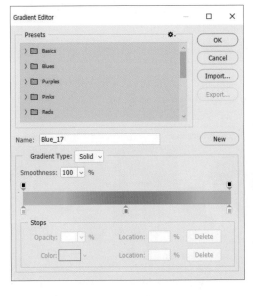

▲ 조정 전　　　　　　▲ 조정 후

Selective Color

[Part10]-[단풍.jpg]

선택 색상은 CMYK 각 색상을 서로 영향을 주지 않고 가감하여 보정해주는 기능입니다. RGB 모드에서도 사용할 수 있습니다. 간단하게는 특정한 색을 더하거나 빼는 데 쓸 수 있습니다. [colors] 항목에서 조정할 색상 영역을 선택하고 하단의 슬라이더를 조절합니다.

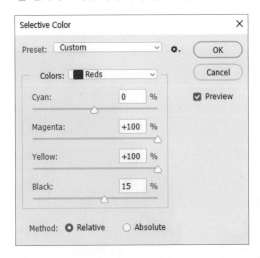

▲ 조정 전　　　　　　▲ 조정 후

Shadows/Highlights

[Part10]-[건물.jpg]

어두운 영역/밝은 영역은 역광으로 이미지가 어둡고 윤곽만 강조된 사진을 교정하거나 밝고 색상이 약간 바랜 부분을 교정할 수 있습니다. Shadows(어두운 영역) 슬라이더를 조절하면 어두운 영역을 밝게 조정하고 Highlights(밝은 영역) 슬라이더를 조절하면 밝은 영역을 어둡게 별도로 조정합니다. 해당 영역의 주변 픽셀을 기반으로 밝게 하거나 어둡게 합니다.

Shadows/Highlights
×
Shadows
Amount: 60 %
Highlights
Amount: 0 %
Show More Options
Preview
OK
Cancel
Load...
Save...

▲ 조정 전   ▲ 조정 후

Desaturate 단축키 Ctrl + Shift + U

📁 [Part10]-[건물.jpg]

채도 감소는 각 픽셀의 밝기 값은 변경하지 않고 컬러 이미지를 회색 톤으로 변환합니다. Hue/Saturation의 채도를 -100으로 조정한 것과 같은 효과입니다.

▲ 조정 전

▲ 조정 후

실전 예제로 배우는 포토샵

Match color

■ [Part10]-[건물.jpg], [라일락.jpg]

색상 일치는 여러 선택 영역 사이에서 색상을 일치시킵니다. 이미지의 색상을 조정할 수 있고 다른 이미지 파일을 소스화 하여 색상 느낌을 비슷하게 나타낼 수 있습니다. RGB 모드에서만 동작합니다.

서로 다른 사진의 색상을 일관성있게 만들고자 할 때나 한 이미지에 포함된 특정 색상(예: 피부색)이 다른 이미지의 색상과 일치해야 하는 경우에 유용합니다.

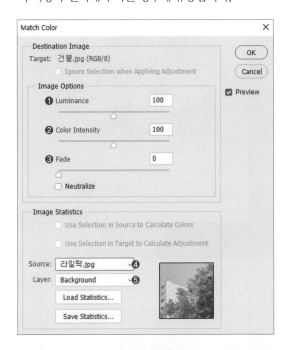

❶ **Luminance** : 휘도(밝기)
❷ **Color Intensity** : 색상 강도
❸ **Fade** : 원본 문서와 소스의 혼합 정도
❹ **Source** : 색상 소스로 활용할 문서 선택
❺ **Layer** : 색상 소스로 활용할 문서의 레이어 선택

▲ 조정 전

▲ 조정 후

> 1️⃣ [건물.jpg] 파일과 [라일락.jpg]을 함께 열고 [건물.jpg] 파일에서 [Image]-[Adjustment]-[Match color] 메뉴를 클릭합니다.

> 2️⃣ 하단의 [Source] 항목에서 라일락.jpg 파일을 선택합니다. [라일락.jpg] 파일의 색상과 비슷하게 보정되었습니다.

Replace color

■ [Part10]-[능소화.jpg]

색상 대체는 색상 범위(Color Range) 메뉴와 색상/채도(Hue/Saturation) 메뉴를 결합한 것과 같습니다. 선택할 색상 범위를 조절한 뒤 해당 영역에 대체될 색상을 선택하여 색을 변경합니다.

1 선택할 색상 영역을 클릭하고, 색상을 추가할 경우 Shift 키를 누르고 클릭하여 추가합니다. [Fuzziness] 항목의 슬라이더를 조절하여 색상 허용 범위를 조절합니다. 미리보기 섬네일에서 해당 영역이 흰색에 가까울수록 100%로 선택이 됩니다.

2 대화상자 하단의 색조, 채도, 명도를 조절합니다.

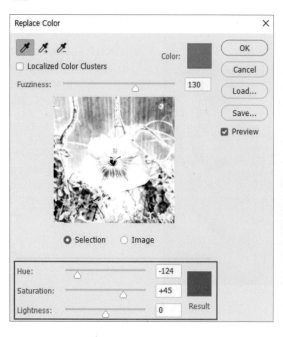

▲ 조정 후

Ps 상업용 무료 이미지 다운로드

이미지는 저작권이 있으므로 필요에 따라 구매하거나 무료 이미지라 하더라도 반드시 사용 범위를 확인하고 사용해야합니다. 아래의 웹사이트에서 상업용으로 사용 가능한 이미지들을 무료로 다운받을 수 있습니다.

픽사베이

http://pixabay.com

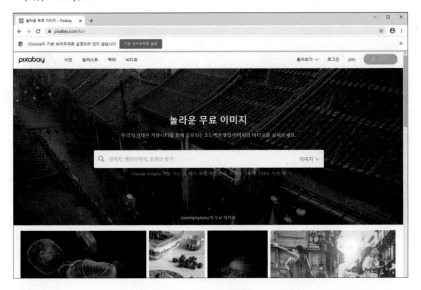

언스플래쉬

https://unsplash.com

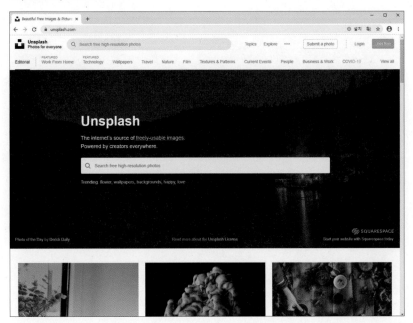

– 사진을 반으로 나누어 분할하고 각각 보정하여 강한 대비가 느껴지는 이미지를 완성해봅니다.

실전 예제로 배우는
포토샵

픽셀 유동화

픽셀 유동화

| Liquify |

픽셀 유동화 필터는 이미지에 밀기, 당기기, 회전, 오목, 볼록 등의 효과를 적용하여 변형합니다. 사용자가 원하는 형태로 변형하기가 쉽고 얼굴 인식 기능이 있어 눈, 코, 입 등의 얼굴 세부 부분을 자동으로 식별하여 쉽게 조정할 수 있게 해주어 인물 보정이나 캐리커처 만들기 등의 작업에 유용합니다.

변형할 레이어를 선택 하고 [Filter]–[Liquify] 메뉴를 클릭합니다.

📁 [Part11]–[캐릭터.jpg]

🖐 변형 도구(Forward Warp Tool) 단축키 W
드래그하는 방향으로 픽셀을 밀어 이동합니다.

▲ 조정 전

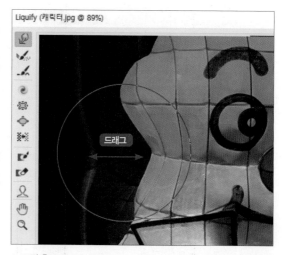

▲ 조정 후

✍ 재구성 도구(Reconstruct Tool) 단축키 R
작업을 취소할 부분을 드래그하여 처음으로 복원합니다. 화면 오른쪽 [Properties] 패널의 [Brush Reconstruct Options] 항목에서 [Restore All] 버튼을 누르면 모두 취소됩니다. ([얼굴 인식] 도구로 작업한 부분에는 적용되지 않습니다. [얼굴 인식]으로 변형한 사항은 왼쪽 메뉴에서 얼굴의 각 항목을 선택하여 재설정해야 합니다.)

▲ 조정 전

▲ 조정 후

매끄러움 도구(Smooth Tool)
왜곡이 강하게 된 부분을 부드럽고 완만하게 다시 처리합니다.

▲ 조정 전

▲ 조정 후

시계 방향 돌리기 도구(Twirl Clockwise Tool)
클릭을 꾹 유지하거나 드래그할 때 시계 방향으로 픽셀을 회전합니다. 픽셀을 시계 반대 방향으로 돌리려면 Alt
키를 누르고 클릭합니다.

▲ 조정 전

▲ 조정 후

🔲 오목 도구(Pucker Tool)

클릭을 꾹 유지하거나 드래그할 때 브러시 안쪽을 중심으로 픽셀을 모이게 합니다.

▲ 조정 전

▲ 조정 후

🔷 볼록 도구 (Bloat Tool)

클릭을 꾹 유지하거나 드래그할 때 브러시 중심으로부터 바깥쪽으로 픽셀을 볼록하게 이동합니다.

▲ 조정 전

▲ 조정 후

🔳 왼쪽 밀기 도구(Push Left Tool)

드래그하는 진행 방향의 왼쪽으로 픽셀을 이동합니다. 반대 반향으로 이동하려면 Alt 키를 누르고 드래그합니다.

▲ 조정 전

▲ 조정 후

📝 마스크 고정 도구(Freeze Mask Tool)

이미지의 영역을 고정하여 영역이 변경되지 않도록 보호할 수 있습니다. 브러시 사이즈를 조절한 뒤 칠하면 해당 부분은 다른 도구 사용이 적용되지 않습니다.

▲ 조정 전

▲ 조정 후

📝 마스크 고정 해제 도구(Thaw Mask Tool)

고정을 해제하고 다시 편집할 수 있게 합니다. 왼쪽 패널 [Mask Options] 항목의 [None]버튼을 누르면 모두 해제할 수 있습니다.

▲ 조정 전

▲ 조정 후

얼굴 인식 도구(Face Tool)

[Part11]-[모델.jpg]

얼굴 위에 마우스를 대면 얼굴 주위에 컨트롤이 표시됩니다. 눈, 코, 입, 얼굴 모양 등의 컨트롤을 드래그 하여 변형합니다. 또는 오른쪽 [Properties] 패널에서 각 항목의 슬라이더를 드래그 하여 조절할 수 있습니다.

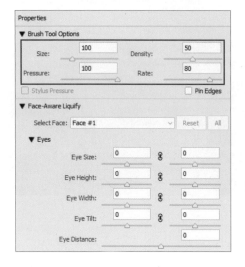

브러시 크기(Brush size) : 이미지 변형에 사용할 브러시 폭을 설정합니다.

브러시 조밀도(Brush density) : 브러시가 페더링 되는 방법을 조절합니다. 숫자가 낮을수록 도구의 효과가 브러시의 중심에서 가장 강하게 나타나고 가장자리에서 약해집니다.

브러시 압력(Brush pressure) : 도구 사용 시 압력 강도를 설정합니다. 브러시 압력이 낮으면 천천히 조금씩 변경되고 압력이 높으면 강한 압력으로 많이 변경됩니다.

브러시 속도(Brush rate) : 변형이 적용될 속도를 설정합니다. 설정값이 높을수록 변형이 적용되는 속도가 빨라집니다.

My beauty secret

🖥️ **자율 예제** | 📁 [Part11]-[모델.jpg]

– 픽셀 유동화로 모델의 이미지를 변형하여 광고 포스터를 만들어봅니다.

실전 예제로 배우는
포토샵

혼합 모드

01_ 혼합 모드 Biending mode

CHAPTER 01

혼합 모드

| Blending mode |

블렌딩 모드는 합성을 하기 위해 사용되는 기능으로 혼합 모드 또는 합성 모드라고 합니다. 도구, 효과 등 포토샵의 여러 기능에서 다양하게 활용합니다. 레이어 패널에서는 상위 레이어에 블렌딩 모드를 적용하고 하위 레이어간의 색상 값을 가지고 더하거나, 빼고, 곱하거나 나누어 혼합합니다. 혼합된 결과인 결과 색상은 작업화면에서만 보여지고 실제 레이어 색상은 변경 없이 원본 그대로 보존되어 있는 비파괴적 방법입니다.

📁 [Part12]-[혼합모드.psd]

블렌딩 모드를 적용할 상위 레이어를 선택하고, 레이어 패널에서 블렌딩 모드의 ⌄버튼을 누릅니다. 각 혼합 항목 위에 마우스를 대면 선택하지 않아도 실시간으로 혼합 결과가 작업화면에 나타납니다.

Normal
표준은 블렌딩 모드를 적용하지 않은 원본의 상태입니다.

Dissolve
디졸브는 레이어의 불투명도에 따라 픽셀을 대체합니다. 레이어의 불투명도를 조절하면 픽셀이 점처럼 임의로 나타나지 않습니다. 마치 모래를 뿌린 것처럼 픽셀이 흩뿌려진 모습으로 표현됩니다.

어두운 합성

어두운 색상을 더 어둡게 표현하는 모드입니다. 어두운 혼합 모드에서 흰색은 가려져 불투명도 0%처럼 작업화면에 나타나지 않고 검은색은 불투명도 100%처럼 변화 없이 드러나게 됩니다. 하위 레이어의 색상보다 밝은색 영역은 많이 가려지고 어두운색 영역들이 드러나는 모드입니다.

Darken
어둡게 하기는 각 레이어 채널의 색상 정보를 비교하여 더 어두운 색상을 결과로 선택합니다. 상위 레이어에서 하위 레이어보다 어두운 부분은 변화가 없고 밝은 부분이 어둡게 혼합되어 원본보다 톤이 더 어두워집니다.

Multiply

곱하기는 혼합하는 과정에서 레이어의 색상을 서로 곱해 어두워지는 효과를 나타냅니다. 어둡게 혼합되어 [Darken]과 비슷하지만 결과 색상은 채도가 훨씬 떨어집니다.

★중요★ 흰색 영역을 투명하게 처리하기 위해 가장 많이 사용되는 모드입니다.

Color Burn

색상 번은 레이어들의 대비를 증가시켜서 상위 레이어의 색상을 어둡게 하여 혼합합니다.

Linear Burn

선형 번은 상위 레이어의 명도를 감소시켜 전체적으로 이미지가 어두워집니다. [Color Burn]에 비해 색상 경계가 뚜렷하게 표현됩니다.

Darker Color

어두운 색상은 새로운 혼합 색상을 생성하지 않고 혼합된 레이어들의 색 중에서 명도가 더 낮은 값의 색상을 표시합니다.

▲ Multiply

▲ Color Burn

밝은 합성

밝은 색상을 더 밝게 하는 모드입니다. 밝은 혼합 모드에서 검은색은 가려져 불투명도 0%처럼 작업화면에 나타나지 않고 흰색은 불투명도 100%처럼 변화 없이 드러나게 됩니다. 하위 레이어의 색상보다 어두운 영역은 많이 가려지고 밝은색 영역들이 드러나는 모드로 어두운 모드의 반대 효과가 나타납니다.

Lighten

밝게 하기는 각 레이어 채널의 색상 정보를 비교하여 더 밝은 색상을 결과로 선택합니다. 상위 레이어에서 하위 레이어보다 밝은 부분은 변화가 없고 어두운 부분이 밝게 혼합되어 원본보다 톤이 더 밝아집니다.

Screen

스크린은 밝은 부분이 병합되어 밝기가 두 배로 밝아집니다.

★중요★ 검은색 영역을 투명하게 처리하기 위해 가장 많이 사용되는 모드입니다.

Color Dodge
색상 닷지는 혼합되는 과정에서 상위 레이어의 색상이 밝아지며 마치 색을 반사시키는 것과 같은 효과가 나타납니다. 하위 레이어의 검은색 영역에서는 변화가 없고 하위 레이어의 명도가 높은 부분일수록 상위 레이어의 밝은 명도 영역도 더 밝아집니다.

Linear Dodge (Add)
선형 닷지(추가)는 검은색을 제외한 모든 색의 명도를 증가시키나 [Color Dodge] 보다 색상 대비는 낮은 모드입니다.

Lighter Color
밝은 색상은 새로운 혼합 색상을 생성하지 않고 혼합된 레이어들의 색 중에서 명도가 더 높은 값의 색상을 표시합니다.

▲ Screen

▲ Linear Dodge (Add)

겹치는 합성

어두운 혼합과 밝은 혼합 모드의 중간으로 상위 레이어의 색상과 하위 레이어의 색상이 적절히 혼합됩니다.

★중요★ 중간 명도 50%의 회색이 가려지며 불투명도 0%처럼 작업화면에 나타나지 않습니다.

Overlay
오버레이는 [Multiply]와 [Screen]의 중간 모드로 밝은 부분은 더욱 밝아지고 어두운 부분은 더욱 어두워집니다. 곱해지거나 스크린이 되는 부분이 색상마다 다릅니다. 전체적으로 채도가 높아지고 대비를 강하게 표현합니다.

Soft Light
소프트 라이트는 [Overlay]와 비슷한 기능으로 조금 더 부드러운 조명을 비추는 것과 유사합니다. 색상이 50% 중간 명도보다 밝으면 약간 더 밝아지고 어두우면 약간 더 어두워집니다.

Hard Light
하드 라이트는 강한 집중 조명을 비추는 것과 유사합니다. 색상이 50% 중간 명도보다 밝으면 [Screen]한 것처럼 강하게 밝아지고 어두우면 [Multiply]한 것처럼 강하게 어두워집니다.

Vivid Light

선명한 라이트는 강력하게 대비를 증가시킵니다. 색상이 50% 중간 명도보다 밝으면 대비를 감소시켜 [Color Dodge]를 적용한 것처럼 이미지를 밝게 하고, 어두우면 대비를 증가시켜 [Color Burn]을 적용한 것처럼 이미지를 어둡게 합니다.

Linear Light

선형 라이트는 [Vivid Light]와 비슷하지만 대비 효과는 조금 약한 모드입니다. [Linear Burn]과 [Linear Dodge]가 합쳐진 형태로 색상이 50% 중간 명도보다 밝으면 명도를 증가시켜 이미지를 밝게 하고 어두우면 명도를 감소시켜 이미지를 어둡게 하여 전체적으로 고르고 강하게 대비가 나타납니다.

Pin Light

핀 라이트는 혼합된 레이어 중 채도가 높은 쪽으로 혼합됩니다. 하위 레이어의 색상 명도를 기준으로 상위레이어의 변화 영역이 달라집니다.

Hard Mix

하드 혼합은 혼합된 레이어들을 강한 색으로 섞어 혼합합니다. 모든 색이 검정(Black), 흰색(White), 빨강(Red), 초록(Green), 파랑(Blue), 밝은 파랑(Cyan), 자주(Magenta), 노랑(Yellow)으로 대체 됩니다.

▲ Overlay

▲ Linear Light

다양한 합성

Difference

차이는 명도값이 더 큰 색상에서 다른 색상을 뺍니다. 상위 레이어의 색이 반전됩니다. 하위 레이어의 검정색과 혼합되는 부분은 변화가 없습니다.

Exclusion
제외는 [Difference]와 비슷하지만 대비가 더 낮은 효과를 냅니다. 중간 영역 범위에서 대비가 약해져 조금 더 부드러운 느낌으로 표현됩니다.

Subtract
빼기는 각 채널의 색상 정보를 보고 상위 레이어 색상에서 하위 레이어 색상을 뺍니다.

Divide
나누기는 각 채널의 색상 정보를 보고 상위 레이어 색상에서 하위 레이어 색상을 나눕니다.

Hue
색조는 상위 레이어의 명도와 채도, 그리고 하위 레이어의 색조를 혼합하여 결과 색상이 나타납니다.

Saturation
채도는 상위 레이어의 명도와 색조, 그리고 하위 레이어의 채도를 혼합하여 결과 색상이 나타납니다.

Color
색상은 상위 레이어의 명도, 그리고 하위 레이어의 색조와 채도를 혼합하여 결과 색상이 나타납니다.

Luminosity
광도는 상위 레이어의 색조와 채도, 그리고 하위 레이어의 명도를 혼합하여 결과 색상이 나타납니다.

▲ Difference

▲ Divide

블렌딩 모드 실습 ■ [Part12]–[혼합모드.psd], [text.jpg]

1 블렌딩 모드를 적용할 상위 레이어를 선택하고, 자유롭게 블렌딩 모드를 적용합니다.

2 [text.jpg] 파일을 불러와 단축키 `Ctrl`+`A`로 전체 선택하고 `Ctrl`+`C`로 복사한 뒤 [혼합모드.psd] 파일에 `Ctrl`+`V`로 붙여넣습니다.

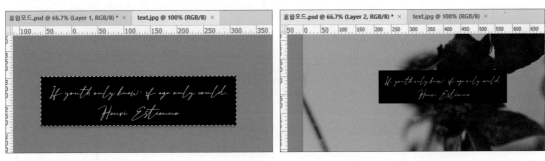

3 블렌딩 모드를 [screen]으로 선택하여 검정색 배경을 투명하게 처리합니다.

- 어두운 원본 사진은 조정을 활용하여 보정하고 잎 사진과 다양하게 혼합하여 몽환적인 분위기의 영화 포스터를 만들어봅니다.

레이어 효과 및 스타일

01_ 레이어 스타일 Layer Style

레이어 스타일

| Layer Style |

레이어 스타일은 레이어 원본은 변경하지 않고 보존하면서 그 위에 효과를 적용하는 비파괴적 방법으로 그림자, 광선, 입체 등의 다양한 효과가 있습니다. 또한 적용된 레이어 스타일을 복제해 다른 레이어에 붙여 넣을 수 있어 빠르게 동일한 효과를 적용할 수 있습니다.

📁 [Part13]-[gold.psd]

레이어 패널에서 레이어를 더블 클릭 하거나 패널 하단 fx 아이콘을 누릅니다.

Bevel & Emboss

경사와 엠보스는 표면에 밝은 영역과 그림자를 다양하게 결합하고 깊이를 주어 표현하는 입체 효과입니다.

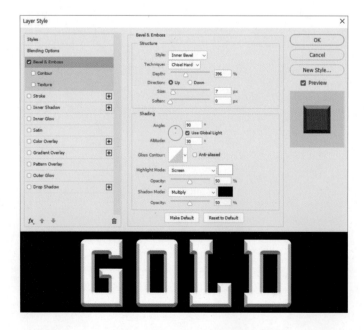

Structure(구조)

– Style(스타일) : 입체 스타일
– Technique(기법) : 부드러운 모서리/각진 모서리 설정
– Depth(깊이) : 입체의 깊이감
– Direction(방향) : 돌출 방향
– Size(크기) : 돌출 크기
– Soften(부드럽게) : 돌출 모서리 부드럽기 정도

Shading(음영 처리)

– Angle(각도) : 빛/그림자의 방향
– Gloss Contour(광택 윤곽선) : 입체 표면 광택 효과의 윤곽 모양 설정
– Use Global Light(전체 조명 사용) : 다른 효과들과 빛/그림자 위치 및 방향 동일하게 유지

TIP Use Global Light는 기본적으로 체크되어 있어 다른 효과들과 빛/그림자 방향이 동일하게 설정 됩니다. 각각의 레이어에 값을 통일하지 않고 다른 값을 적용하거나, 하나의 레이어에서 효과들 마다 다른 값을 적용할 때는 체크를 해제하고 작업합니다.

- Highlight Mode(밝은 영역 모드) : 빛을 받은 밝은 영역의 색상과 혼합 모드 설정
- Opacity(불투명도) : 밝은 영역 불투명도
- Shadow Mode(그림자 모드) : 그림자의 색상과 혼합 모드 설정
- Opacity(불투명도) : 그림자 불투명도

Contour(윤곽선) : 입체 표면 밝은 영역/그림자의 윤곽 모양 설정

Texture(질감) : 패턴을 입체로 혼합하여 질감 표현
- Pattern(패턴) : 패턴 선택
- Scale(비율) : 크기
- Depth(깊이) : 입체의 깊이감
- Invert(반전) : 음각/양각 반전
- Link with layer(레이어와 연결) : 레이어 변형 시 함께 변형될 수 있게 연결

Stroke

획은 단색, 그레이디언트 또는 패턴을 사용하여 현재 레이어의 내용 가장자리에 선을 그립니다.

Structure(구조)

- Size(크기) : 선 두께
- Position(위치) : 가장자리에 선이 적용되는 위치
- Blend Mode(혼합 모드) : 선의 혼합 모드
- Opacity(불투명도) : 선 불투명도

Fill Type(칠 유형) : 단색/그레이디언트/패턴 유형 선택

Inner Shadow

내부 그림자는 레이어 내용의 가장자리 안쪽에 생기는 그림자를 추가합니다.

Structure(구조)

- Blend Mode(혼합 모드) : 그림자의 혼합 모드 설정(레이어 내용과 혼합)
- Opacity(불투명도) : 그림자 불투명도
- Angle(각도) : 그림자 방향
- Distance(거리) : 레이어 내용과 그림자의 거리
- Choke(경계 감소) : 그림자 가장자리 경계의 선명도
- Size(크기) : 그림자 크기

Quality(품질)

– Contour(윤곽선) : 그림자의 윤곽 모양 설정
– Noise(노이즈) : 노이즈 설정

Inner Glow

내부 광선은 레이어 내용 안쪽으로 색상
광선을 표현합니다.

Structure(구조)

– Blend Mode(혼합 모드) : 내부 광선의 혼
합 모드 설정(레이어 내용과 혼합)
– Opacity(불투명도) : 내부 광선 불투명도
– Noise(노이즈) : 노이즈 설정
– 단색/그레이디언트 : 내부 광선 색상

Elements(요소)

– Technique(기법) : 내부 광선 가장자리 모
양 설정
– Source(효과 위치) : 레이어 내용의 가장
자리 또는 중심으로 위치 설정
– Choke(경계 감소) : 효과 가장자리 경계의
선명도
– Size(크기) : 내부 광선 크기

Quality(품질)

– Contour(윤곽선) : 내부 광선 윤곽 모양 설정
– Range(범위) : 변동 가능한 범위 설정
– Jitter(지터) : 내부 광선 파형 변화

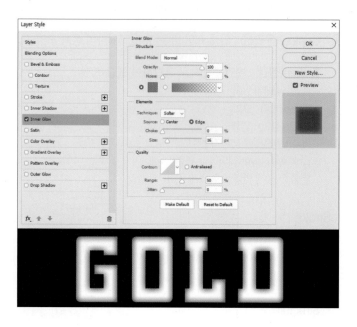

Satin

새틴은 레이어 내용 표면에 밝은 영역과
그림자를 넣어 매끈하게 윤이 나는 광택
을 추가합니다.

Structure(구조)

– Blend Mode(혼합 모드) : 새틴 효과의 혼
합 모드 설정(레이어 내용과 혼합)
– Opacity(불투명도) : 새틴 효과 불투명도
– Angle(각도) : 효과 각도
– Distance(거리) : 레이어 내용과 효과와의
거리
– Size(크기) : 효과 크기
– Contour(윤곽선) : 효과 윤곽 모양 설정

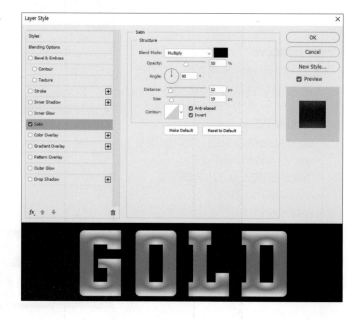

Color Overlay

색상 오버레이는 레이어 내용에 다른 색을 덮어씌워 색을 변경하거나 원본과 혼합합니다.

- Blend Mode(혼합 모드) : 지정된 색상과 레이어 내용의 혼합 모드 설정
- Opacity(불투명도) : 색상 불투명도

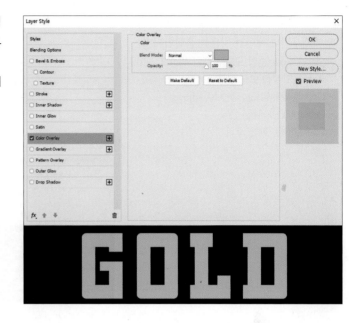

Gradient Overlay

그레이디언트 오버레이는 레이어 내용에 그레이디언트를 덮어씌워 색을 변경하거나 원본과 혼합합니다.

- Blend Mode(혼합 모드) : 그레이디언트 색상과 레이어 내용의 혼합 모드 설정 (Dither: 디더링)
- Opacity(불투명도) : 그레이디언트 불투명도
- Gradient(그레이디언트) : 그레이디언트 색상 (Reverse:색상 반전)
- Style(스타일) : 그레이디언트 형태
- Angle(각도) : 그레이디언트 각도
- Scale(비율) : 그레이디언트 크기

Pattern Overlay

패턴 오버레이는 레이어 내용에 패턴을
덮어씌우거나 패턴과 원본을 혼합합니다.
- Blend Mode(혼합 모드) : 패턴 색상과 레이
  어 내용의 혼합 모드 설정
- Opacity(불투명도) : 패턴 불투명도
- Pattern(패턴) : 패턴 선택
- Scale(비율) : 패턴 크기

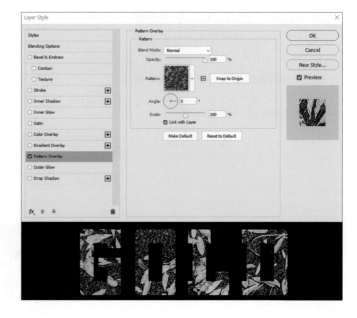

Outer Glow

외부 광선은 레이어 내용의 가장자리부터
바깥쪽으로 색상 광선을 표현합니다.

Structure(구조)
- Blend Mode(혼합 모드) : 외부 광선 혼합
  모드
- Opacity(불투명도) : 외부 광선 불투명도
- Noise(노이즈) : 노이즈 설정
- 단색/그레이디언트 : 외부 광선 색상

Elements(요소)
- Technique(기법) : 외부 광선 가장자리 모
  양 설정
- Spread(확산) : 효과 가장자리 경계의 선
  명도
- Size(크기) : 외부 광선 크기

Quality(품질)
- Contour(윤곽선) : 외부 광선 윤곽 모양 설정
- Range(범위) : 변동 가능한 범위 설정
- Jitter(지터) : 외부 광선 파형 변화

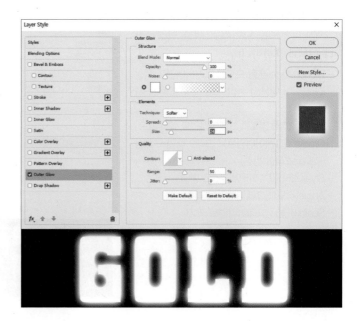

Drop Shadow

그림자 효과는 레이어 내용 뒤에 생기는 그림자를 추가합니다.

Structure(구조)
- Blend Mode(혼합 모드) : 그림자의 혼합 모드 설정
- Opacity(불투명도) : 그림자 불투명도
- Angle(각도) : 그림자 방향
- Distance(거리) : 레이어 내용과 그림자의 거리
- Spread(확산) : 그림자 가장자리 경계의 선명도
- Size(크기) : 그림자 크기

Quality(품질)
- Contour(윤곽선) : 그림자 윤곽 모양 설정
- Noise(노이즈) : 노이즈 설정

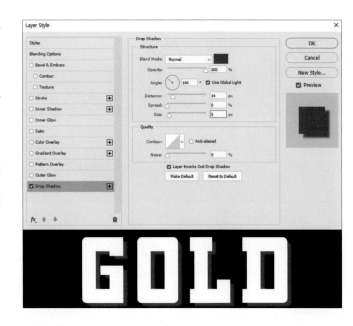

레이어 패널 Opacity/Fill

[Part13]–[marble.psd]

1 레이어 패널의 불투명도(Opacity) 항목과 칠(Fill) 항목의 값이 모두 100%이면 레이어의 내용과 레이어 스타일의 효과 모두 불투명하게 표현됩니다.

2 레이어 패널의 불투명도(Opacity) 항목을 조절하면 레이어의 내용과 레이어 스타일의 효과 모두 불투명도가 저하됩니다. 0%로 입력하면 모두 투명하게 처리되어 화면에 나타나지 않습니다.

203

3 레이어 패널의 불투명도(Opacity) 항목은 100%로 입력하고 칠(Fill) 항목의 값을 0%로 입력하면 레이어의 내용만 투명하게 처리되어 나타나지 않고 레이어 스타일의 효과는 불투명하게 유지되어 작업화면에 그대로 나타납니다.

적용된 레이어 스타일은 가시성 버튼을 눌러 비활성화 하거나 드래그하여 삭제할 수 있고 언제든지 더블클릭하여 편집하고 수정할 수 있습니다.

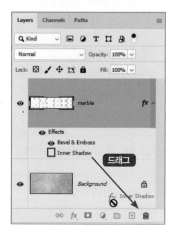

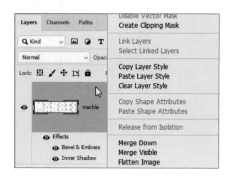

레이어 패널에서 레이어 스타일이 적용된 레이어를 선택하고 마우스 우 클릭하면 효과를 복사하거나 붙여넣고, 삭제할 수 있습니다.

Copy Layer Style : 레이어스타일 복사
Paste Layer Style : 복사한 레이어스타일 붙여넣기
Clear Layer Style : 레이어스타일 삭제

🖱 네온사인 만들기 📁 [Part13]–[Neon.psd]

1 [Arrow] 레이어를 더블클릭하여 레이어스타일을 열고 [Bevel & Emboss] 항목을 아래와 같이 입력합니다. 화살표에 입체감
이 적용됩니다.

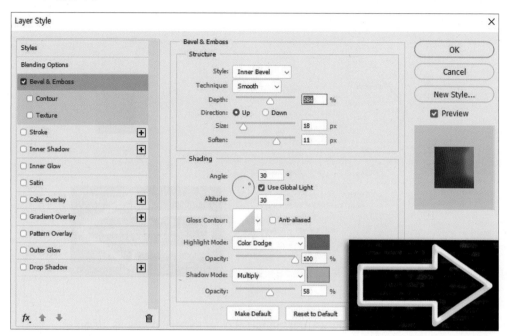

2 [Inner Shadow] 항목을 아래와 같이 입력합니다. 화살표의 내부에 그림자가 생깁니다.

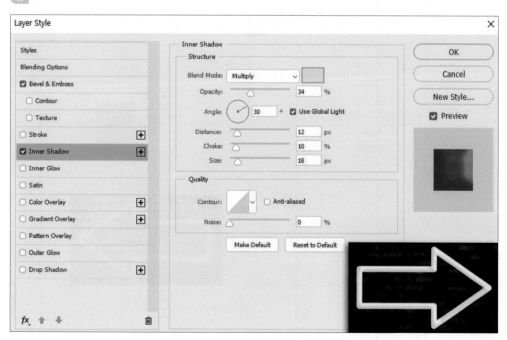

PART 13 레이어 효과 및 스타일

205

3 [Outer Glow] 항목을 아래와 같이 입력합니다. 외부에 빛나는 광선 효과가 나타납니다.

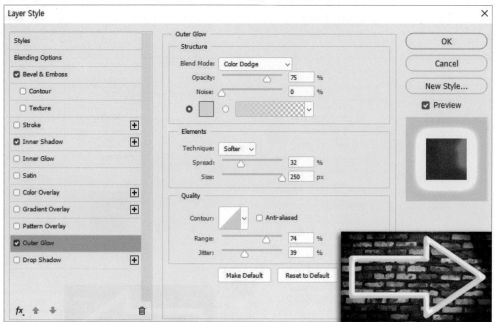

4 [Drop Shadow] 항목을 아래와 같이 입력합니다. 화살표에 그림자가 생깁니다. [OK]하여 네온사인을 완성합니다.

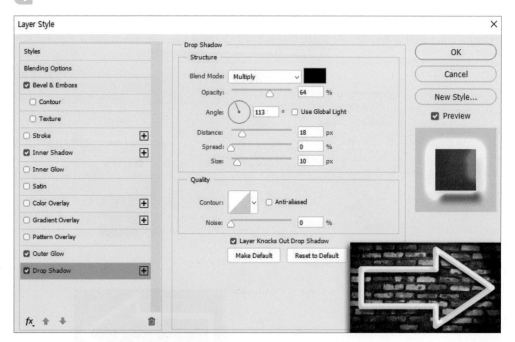

블렌딩 모드와 레이어 스타일을 활용한 크리스마스 카드 제작 실습 🔲 [Part13]-[christmascard.psd]

1 예제 파일을 열고 레이어 패널에서 "TEXT" 레이어를 더블클릭하여 레이어 스타일을 활성화합니다. 예제의 글자는 금 질감의 이미지를 글자 모양대로 잘라놓은 레이어입니다. Bevel & Emboss 항목을 선택하고 아래 사진과 같이 입력합니다.

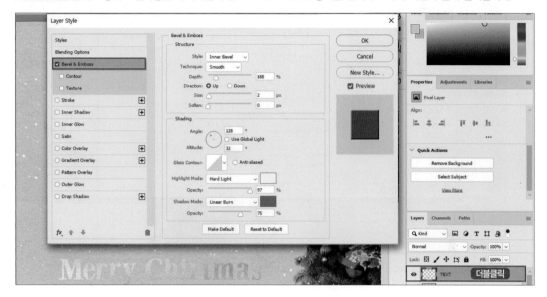

2 Drop Shadow 항목을 선택하고 아래 사진과 같이 입력하고 OK합니다. 글자가 형압이 적용된 종이처럼 표현됩니다.

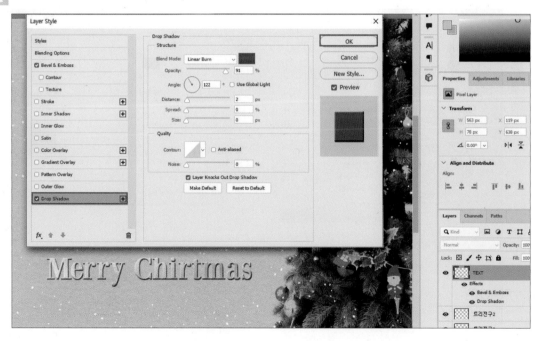

3 레이어 패널에서 "전구" 그룹을 펼치고 "전구테두리" 레이어를 선택합니다. 더블클릭하여 레이어 스타일을 열고 Bevel & Emboss 항목을 선택하여 아래 사진과 같이 입력하고 OK합니다.

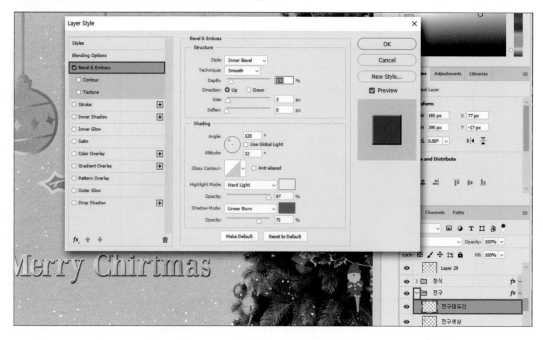

4 "전구" 그룹에 포함된 모든 레이어에 일괄적인 그림자를 적용하기 위하여 "전구" 그룹을 더블클릭하여 레이어 스타일을 열고 Drop Shadow 항목을 선택합니다. 아래 사진과 같이 입력하고 OK합니다.

5 다른 그룹과 레이어에도 똑같이 적용하기 위하여 "전구테두리" 레이어를 선택하고 마우스 우클릭 메뉴에서 Copy Layer Style합니다. "장식" 그룹을 펼치고 "장식 색상2" 레이어를 선택한 다음 마우스 우클릭하여 Paste Layer Style합니다. "장식 테두리" 레이어도 선택하고 똑같이 Paste Layer Style을 적용합니다.

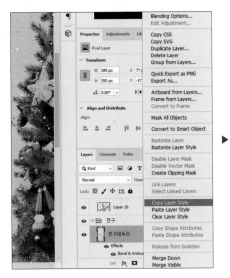
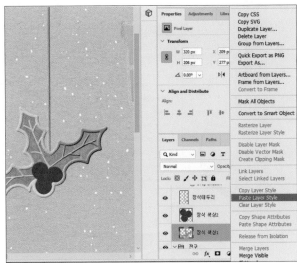

6 "전구" 그룹에서 마우스 우클릭하여 Copy Layer Style합니다. "장식" 그룹을 선택한 다음 마우스 우클릭하여 Paste Layer Style합니다. "선물상자" 그룹과 레이어에도 **3** ~ **6** 과정을 반복하여 적용합니다.

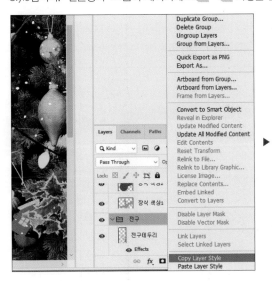

7 "SNOW" 레이어의 레이어 스타일을 열고 Bevel & Emboss 항목을 선택하여 아래 사진과 같이 입력하고 OK합니다.

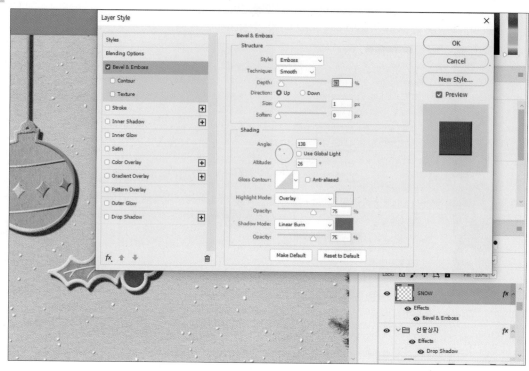

8 "트리" 레이어를 선택하고 사진의 선명도를 높이기 위해 상단 [Filter]-[Sharpen]-[Unsharp Mask]를 선택하고 아래 사진과 같이 입력합니다. 단축키 Ctrl+Shift+U 하여 흑백으로 변경합니다. • 필터에 관한 자세한 내용은 Part 18의 다양한 필터 활용을 참고합니다.

9 "트리전구1" 레이어 아래에 새 레이어를 만들고 블렌딩 모드를 [Overlay]로 변경합니다. 브러시 도구(B)를 선택하고 가장자리가 선명한 원형브러시를 선택합니다. 전경색을 밝은 노랑색 계열로 선택하고 전구 주변을 클릭하여 채색합니다. 레이어에 블렌딩 모드가 적용되어있으므로 빛나듯이 표현됩니다.

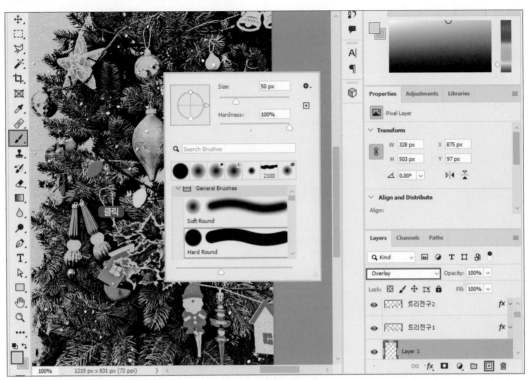

10 다른 전구 뒤에도 브러시를 찍고 형압이 적용된 종이 질감의 빈티지한 카드를 완성합니다.

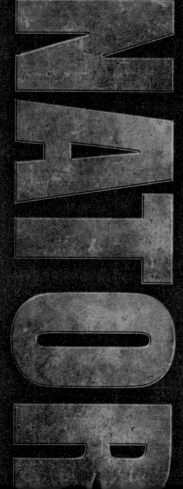

TERMINATOR

I WILL BE BACK

– 완성 파일의 레이어 스타일을 참고하여 금속성이 느껴지는 이미지 또는 문자를 만들어봅니다. 완성작은 레이어스타일 적용 후 금속 이미지를 레이어에 클리핑 마스크하여 질감이 더욱 잘 표현되도록 작업하였습니다.

• 클리핑 마스크에 관한 자세한 사항은 Part 16의 클리핑 마스크를 참고합니다.

실전 예제로 배우는
포토샵

Action

CHAPTER 01

액션

| Action |

액션은 파일에서 실행되는 일련의 작업을 의미하며 메뉴 명령, 패널 옵션, 도구 사용 등을 일괄적으로 자동으로 적용할 수 있는 기능입니다. 예를 들어, 이미지 크기를 변경하고 이미지를 조정한 다음 원하는 형식으로 파일을 저장하고 액션으로 설정하면 다음 파일은 해당 액션을 적용하여 자동으로 한 번에 똑같이 만들 수 있습니다. 반복적인 작업을 수행하는 데 큰 도움을 주고 포토샵에 미리 정의된 액션을 그대로 사용하거나 필요에 맞게 사용자가 정의할 수도 있고 새 액션을 만들 수도 있습니다.

액션 패널 ▪ [Part14]-[나무.jpg], [식물.jpg]

[Window]-[Actions] 패널에서 개별 액션을 기록, 실행, 편집 및 삭제할 수 있습니다.

1 기본으로 설정되어있는 액션을 사용하기 위해 액션 패널의 상단 우측 메뉴 버튼을 눌러 [Image Effects] 액션을 선택합니다.

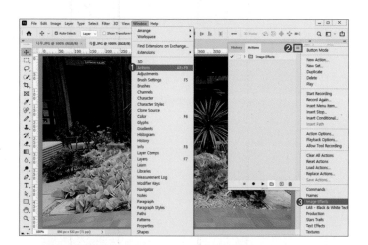

2 [Image Effects] 항목을 펼쳐 여러 가지 효과 목록에서 [Gradient Maps]를 클릭하고 패널 하단 재생(Play selection)버튼을 클릭하면 자동으로 효과가 적용됩니다.

액션 만들기 ■ [Part14]-[나무.jpg], [식물.jpg]

1 사용자의 작업 내역을 녹화하기 위해 액션 패널에서 새 세트(Create new set) 버튼을 눌러 새로운 세트를 먼저 만든 다음, 새 액션(Create new action) 버튼을 눌러 새 액션을 생성합니다.

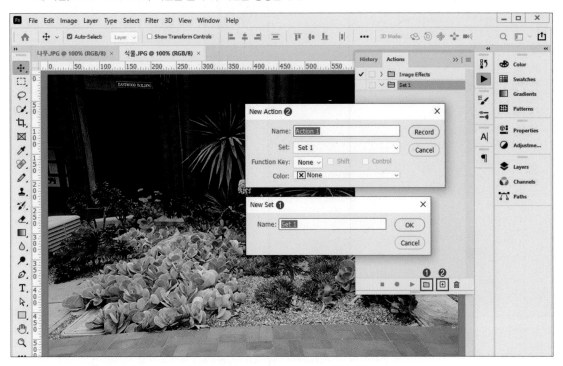

2 액션이 시작되면 패널 하단 녹화(Begin recording) 버튼이 빨간색으로 바뀌며 작업이 녹화됩니다. 문서 사이즈 변경을 위해 단축키 Alt+Ctrl+C를 눌러 [Canvas Size]를 하단 화면과 같이 [Relative] 항목에 체크하지 않고 너비와 높이 모두 533px로 입력합니다.

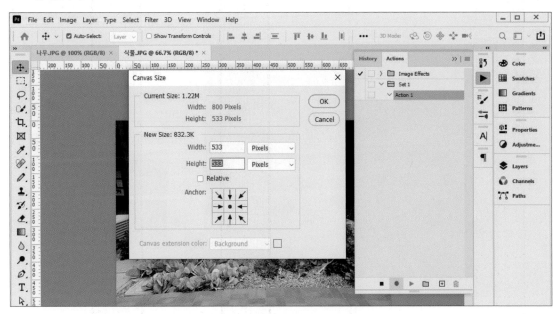

3 새 레이어를 만든 뒤, 전경색을 파란색으로 지정하고 단축키 Alt + Delete 를 눌러 채웁니다.

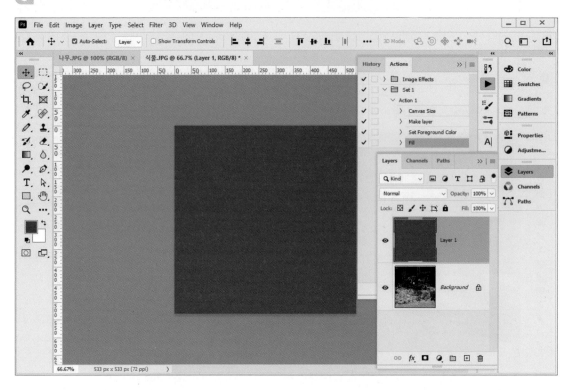

4 블렌딩 모드를 [Exclusion]으로 변경하고 Enter 키를 눌러 적용하고, 불투명도를 40%로 낮춘 뒤 Enter 키를 눌러 적용합니다. 빈티지한 느낌으로 사진이 보정되었습니다.

5 액션 패널 하단 멈춤(Stop playing/recording) 버튼을 눌러 녹화를 중단합니다.

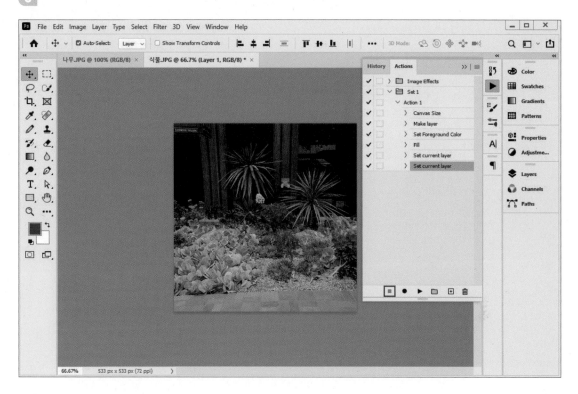

6 [나무.jpg] 파일에서 액션 패널에 저장한 [Action1] 항목을 선택하고 재생(Play selection)버튼을 클릭합니다. 자동으로 똑같은 작업이 한 번에 적용됩니다.

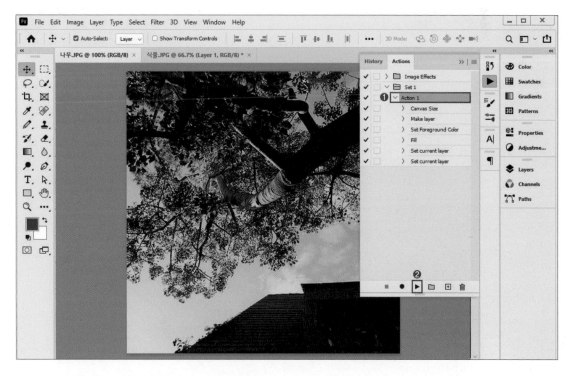

실전 예제로 배우는
포토샵

레이어 마스크

CHAPTER

01

레이어 마스크

| Layer Mask |

레이어 원본은 변경하지 않고 보존하면서 레이어의 일부분을 삭제한 듯 가리거나 나타낼 수 있습니다. 원본 레이어에 레이어 마스크를 씌우고 페인팅 도구나 선택 도구를 사용하여 편집합니다. 원본 내용의 손실이 없는 비파괴적 방법입니다.

레이어 마스크는 흑백의 명도 단계만 표현되는 영역으로 레이어 마스크에서 검은색으로 칠한 영역은 원본 레이어에서 작업 화면에 나타나지 않고, 흰색으로 칠한 영역은 나타나며, 회색으로 칠한 영역은 명도에 따라 다양한 단계의 투명도로 나타납니다.

■ [Part15]-[바다.jpg]

1 레이어 패널 하단의 레이어 마스크 버튼▣을 누릅니다. 원본 레이어의 오른쪽에 마스크 영역 섬네일이 생성됩니다. 마스크를 사용하려면 항상 마스크 섬네일이 선택되어 있는지 확인하고 작업합니다. 마스크 영역을 선택하면 파일 탭에 [Layer Mask]가 표시됩니다.

실전 예제로 배우는 포토샵

2 사각형 선택 윤곽 도구(M)로 이미지의 반을 드래그 하여 선택하고 검은색을 채웁니다. 마스크 영역을 선택하고 작업하였으므로 검은색이 칠해진 만큼 원본 이미지가 작업화면에 나타나지 않습니다.

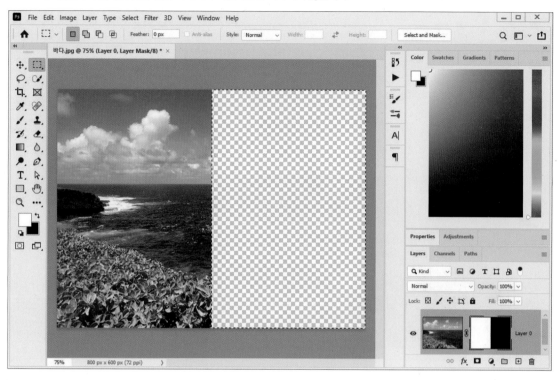

3 선택 영역 해제 후 전경색을 검은색으로 선택하고 브러시 도구(B)로 작업화면을 드래그하면 지우개로 칠한 것처럼 픽셀이 가려져 나타나지 않습니다. (반드시 마스크 영역이 선택되어있는지 확인하고 작업합니다.)

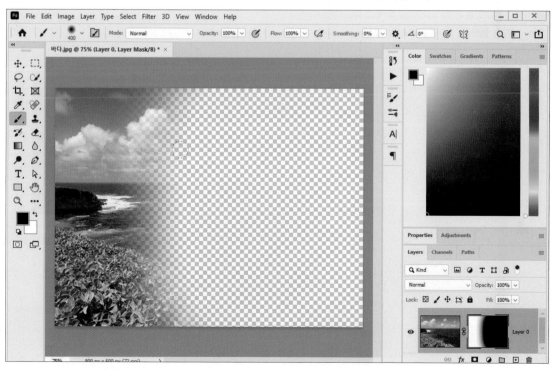

4 마스크 영역을 다시 흰색으로 채우면 이미지의 원본이 모두 작업화면에 나타납니다.

5 ▣그레이디언트 도구G를 선택하고 에디터에서 흑백의 그레이디언트 색상을 지정한 뒤 드래그하여 칠합니다. 그레이디언트의 회색 음영대로 원본 이미지가 가려집니다.

6 [Layer]–[Layer Mask] 메뉴로도 마스크를 조정할 수 있습니다.

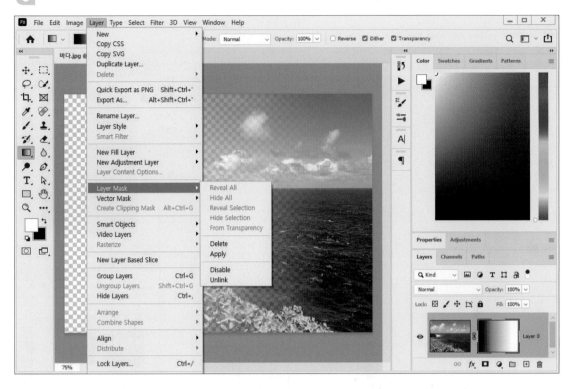

7 Shift 키를 누르고 마스크 영역의 섬네일을 클릭하면 마스크가 비활성화 됩니다. 다시 Shift 키를 누르고 클릭하면 활성화 됩니다.

8 Alt 키를 누르고 마스크 영역의 섬네일을 클릭하면 작업화면이 마스크 영역으로 변경됩니다. 다시 Alt 키를 누르고 클릭하면 원본 이미지의 작업화면으로 변경됩니다.

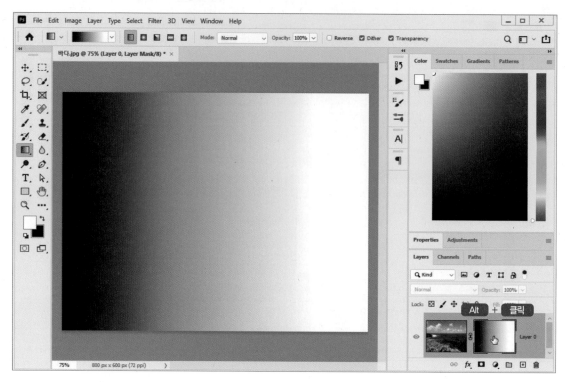

9 마스크 영역의 섬네일에서 마우스 우클릭하면 마스크 메뉴가 나타납니다.

Disable Layer Mask : 마스크 비활성화
Delete Layer Mask : 마스크 삭제
Apply Layer Mask : 마스크 영역을 원본에 적용

🖱 레이어 마스크 실습 📁 [Part15]–[향수.jpg], [공간.jpg]

1 ✏️자동 선택 도구ⓦ로 옵션바 [Tolerance] 32, [Anti–alias]와 [Contiguous] 항목에 체크하고 배경의 흰색 부분을 클릭하여 배경을 한 번에 선택합니다.

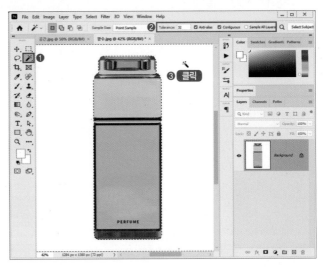

2 반대 영역인 향수를 선택하기 위하여 단축키 Ctrl+Shift+I를 눌러 선택 영역을 반전하고 단축키 Ctrl+C를 눌러 복사합니다.

3 [공간.jpg] 파일에 단축키 Ctrl+V로 붙여넣고 단축키 Ctrl+T를 눌러 자유 변형으로 크기를 조절합니다.

4 바닥에 비친 그림자를 표현하기 위해 향수 레이어를 단축키 Ctrl+J눌러서 복제하고 단축키 Ctrl+T를 누른 다음 참조점(고정점)의 위치를 하단 중앙으로 변경합니다. 작업화면에서 마우스 우클릭하여 [Flip Vertical]로 상하반전 합니다.

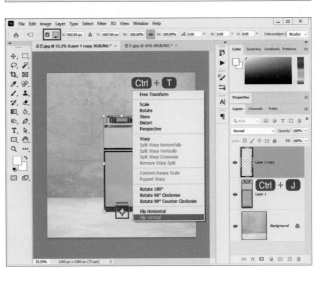

5 레이어 패널에서 [Opacity]를 30%로 낮추고 하단의 레이어마스크 버튼 🔲 을 눌러 마스크를 씌웁니다.

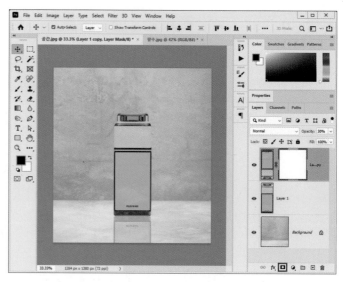

6 🖌️브러시 도구 B 로 작업화면에서 우클릭하여 가장자리가 부드러운 [Soft Round] 브러시를 선택하고 브러시 크기를 400px로 조절합니다. 전경색을 검은색으로 지정합니다.

7 레이어 마스크 영역이 선택되어있는지 확인하고 반전된 이미지의 아랫부분을 드래그하여 가려지도록 칠합니다. 자연스럽게 바닥에 비친 그림자가 표현되었습니다.

실전 예제로 배우는 포토샵

CHAPTER 02

퀵 마스크

| Quick Mask |

페인팅 도구를 활용하여 페인팅한 부분을 선택 영역으로 변환합니다. 단축키 Q

📁 [Part15]-[바다.jpg]

1 도구 상자 하단 📵 퀵 마스크 버튼을 더블 클릭하여 대화상자를 엽니다.

Masked Areas : 전경색 검정으로 칠한 영역을 제외한 부분을 선택 영역으로 변환합니다.

Selected Areas : 전경색 검정으로 칠한 영역을 선택 영역으로 변환합니다.

Color : 전경색 검정으로 칠하는 부분이 해당 색상으로 오버레이되어 작업화면에 표현됩니다.

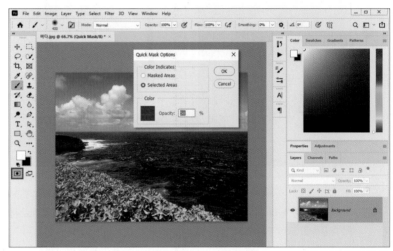

• 단축키 Q 를 눌러도 퀵 마스크 모드가 활성화 됩니다.

2 전경색을 검정으로 지정한 뒤 브러시 도구로 작업화면을 드래그 하여 선택할 영역을 칠합니다. 가장자리가 부드러운 [Soft Round] 브러시를 사용하였습니다.

3 다시 🔲 퀵 마스크 버튼을 누르거나 단축키 Q를 누르면 선택 영역으로 변환됩니다. 선택된 영역을 밝게 조절하기 위해 단축키 Ctrl+M을 눌러 [Curves]를 열고 곡선을 위로 드래그하여 이미지를 밝게 조정합니다.

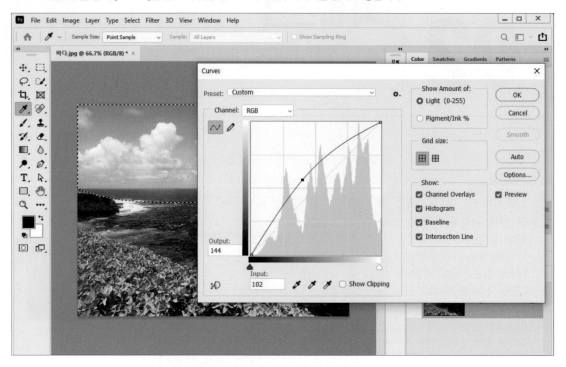

4 단축키 Ctrl+D를 눌러 선택 영역을 해제합니다. 가장자리가 부드러운 브러시로 선택한 영역이므로 경계가 뚜렷하지 않고 자연스럽게 밝은 하늘로 조절되었습니다.

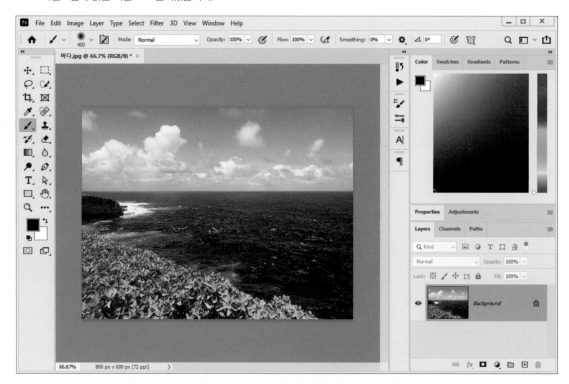

실전 예제로 배우는
포토샵

클리핑 마스크

CHAPTER 01

클리핑 마스크

| Clipping Mask |

클리핑 마스크는 하위 레이어의 내용으로 그 위에 있는 레이어를 가리거나 나타냅니다. 하나의 하위 레이어에 연속해서 쌓이는 여러 개의 상위 레이어들을 클리핑 할 수 있습니다. 레이어 마스크와 마찬가지로 원본 내용의 손실이 없는 비파괴적 방법입니다. 단축키 Alt + Ctrl + G

📁 [Part16]-[낙엽.jpg]

1 [낙엽.psd] 파일의 낙엽 레이어를 선택합니다. 주변 픽셀 없이 낙엽 모양의 내용만 있는 레이어입니다.

2 [꽃.jpg] 사진을 복사하여 붙여넣습니다.

실전 예제로 배우는 포토샵

3 붙여넣은 꽃 레이어를 선택하고 레이어 패널에서 마우스 우클릭 하여 [Create Clipping Mask] 메뉴를 선택합니다. 꽃 레이어가 하위의 낙엽 레이어 내용만큼 보여집니다.

4 마스크 레이어 이름에는 밑줄 표시가 있으며 클리핑 마스크가 적용된 상위 레이어의 섬네일 앞에는 안으로 들여쓰기 화살표 표시가 나타납니다. [단풍.jpg] 사진도 복사하여 붙여 넣습니다.

5 단축키 Alt+Ctrl+G를 눌러도 클리핑 마스크가 적용됩니다. 블렌딩 모드를 [Lighten]으로 변경하여 하위 꽃 레이어와 혼합합니다. 클리핑 마스크는 하나의 마스크 레이어에 복수의 레이어를 클리핑할 수 있습니다.

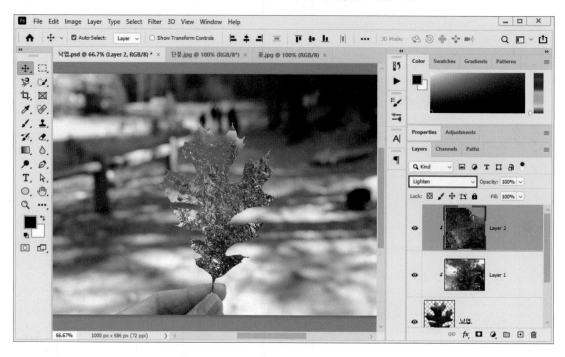

6 공간감을 추가하기 위하여 낙엽 레이어를 더블클릭하여 레이어 스타일을 열고 [Inner Shadow]를 추가합니다.

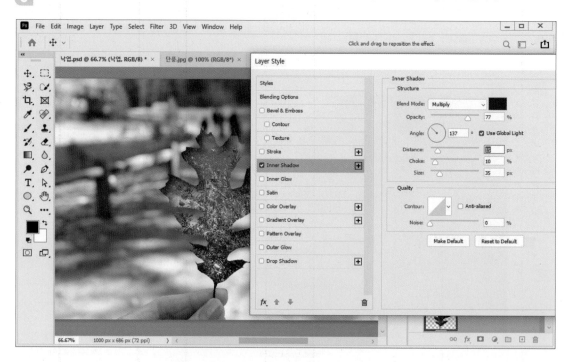

적용된 클리핑 마스크를 해제할 때는 단축키 Alt+Ctrl+G를 누르거나 레이어에서 마우스 우클릭 하여 [Release Clipping Mask] 메뉴로 해제합니다.

실전 예제로 배우는 포토샵

CHAPTER

02

벡터 마스크

| Vector Mask |

펜 도구나 모양 도구를 사용하여 벡터 방식으로 마스크를 만듭니다.

📁 [Part16]-[꽃.jpg]

1 🔲사용자 정의 모양 도구 U를 선택하고 옵션바 모드는 [Path]를 선택합니다. [Shape] 항목에서 마스크로 사용할 모양을 선택합니다.

2 드래그 하여 모양을 그립니다.

3 패스 선택 도구(A)를 선택하고 작업화면의 패스에서 마우스 우클릭하여 [Create Vector Mask] 메뉴를 클릭합니다.

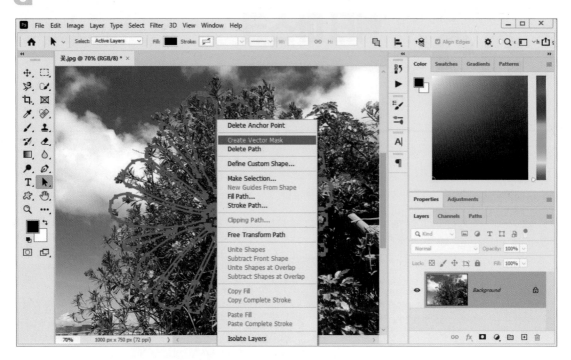

4 패스를 사용한 벡터 마스크가 적용되었습니다.

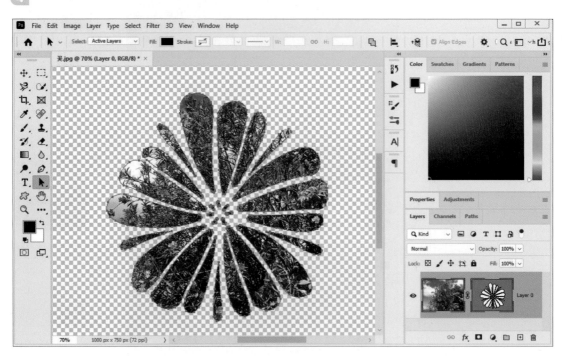

이전 버전의 모양 사용하기

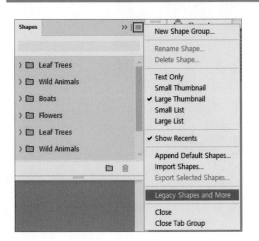

[Window] 메뉴에서 [Shapes] 패널을 선택하고 패널의 메뉴 버튼을 눌러 [Legacy Shapes and More]를 클릭합니다. 패널에 이전 버전의 모양 그룹들이 패널과 옵션바의 사전 설정 창에 추가됩니다.

－문자에 이미지를 클리핑 마스크하여 공간감이 느껴지는 문자 디자인을 완성해봅니다.

필터 갤러리

CHAPTER

01

필터 갤러리

| Filter Gallery |

필터는 이미지를 구성하는 픽셀을 다양한 방법으로 변경하여 새로운 형태의 이미지로 만드는 효과입니다. 필터 갤러리에서는 이미지에 스케치나 회화 같은 특수 예술 효과를 적용할 수 있습니다. 여러 필터를 적용하거나 적용한 필터를 재배치, 또는 제거하는 등 쉽게 필터를 사용할 수 있습니다.

• CMYK 모드는 일부 필터가 제한됩니다.

📁 [Part17]-[커플.jpg]

1 [Filter]-[Filter Gallery] 메뉴를 클릭합니다.

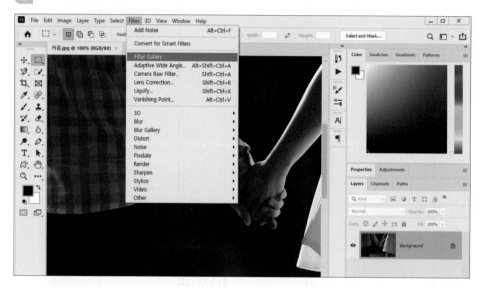

2 6가지의 카테고리를 펼치고 필터를 선택하여 적용합니다.

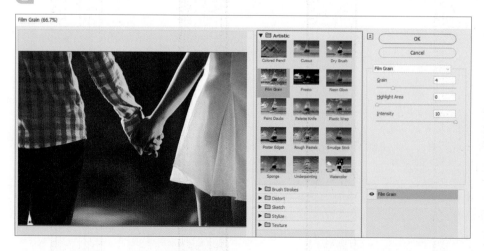

실전 예제로 배우는 포토샵

3 오른쪽 메뉴에서 추가 버튼을 눌러 필터를 추가합니다. 순서대로 이미지에 필터가 적용됩니다.

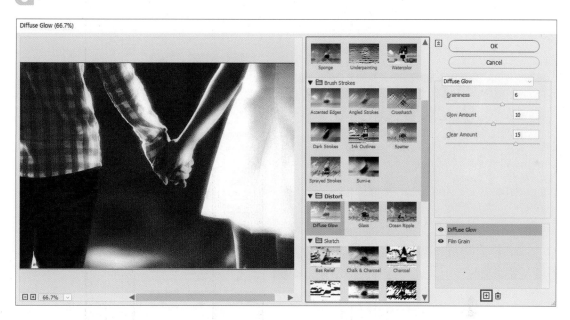

4 적용된 필터 목록을 드래그하여 순서를 다시 재배치할 수 있습니다. 이미지가 그에 따라 동적으로 변경됩니다.

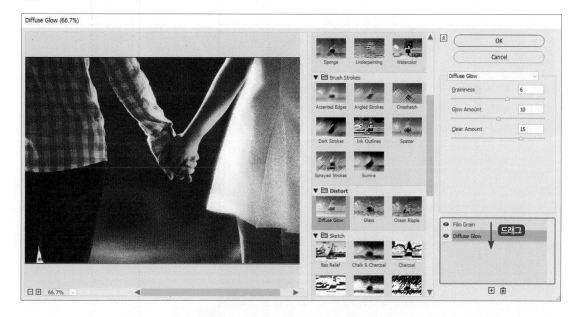

5 필터 옆의 눈 모양 가시성 버튼을 클릭하면 미리보기 이미지에서 해당 효과가 숨겨집니다. 필터를 선택하고 [레이어 삭제] 아이콘을 클릭하면 적용된 필터를 삭제할 수 있습니다.

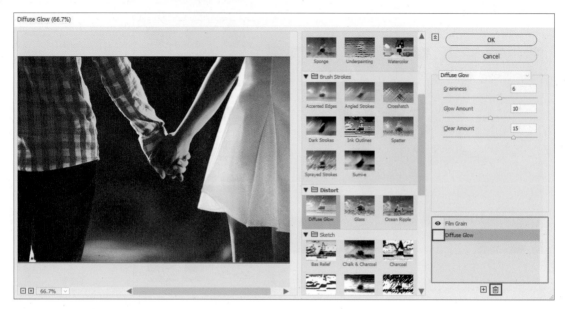

6 선택을 마친 후 [OK]를 눌러 레이어에 직접 적용합니다. 이미지에 필터 효과가 적용되었습니다.

🖥 자율 예제 | 📁 [Part17]-[거리.jpg]

– 필터갤러리의 다양한 필터를 조합하여 사진을 일러스트처럼 표현해봅니다.

실전 예제로 배우는
포토샵

다양한 필터 활용

01_ 필터 Filter

CHAPTER 01

필터

| Filter |

필터갤러리 외의 단독 필터 메뉴를 사용하여 사진을 매끄럽게 또는 선명하게 보정하거나, 이미지의 모습을 변경하는 왜곡 및 조명 효과를 사용하여 독특한 변형을 만들어 낼 수 있습니다.

■ [Part18]-[노을.jpg]

Blur(흐림 효과)

다양한 방법으로 픽셀을 흐리게 처리하여 부드러운 효과를 적용합니다.

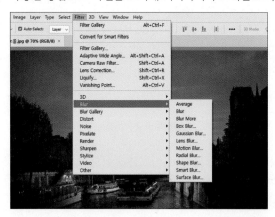

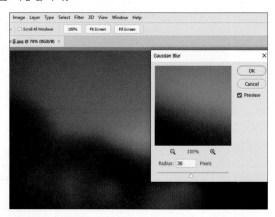

▲ Gaussian Blur

Distort(왜곡)

여러 가지 형태로 픽셀을 왜곡하여 변형합니다.

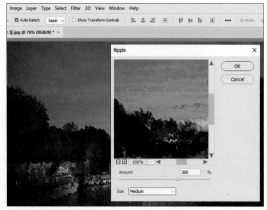

▲ Ripple

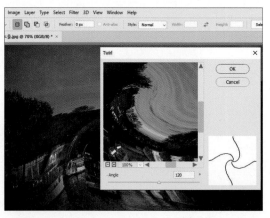

▲ Twirl

실전 예제로 배우는 포토샵

250

Noise(노이즈)

픽셀에 잡티를 제거하거나 추가합니다.

▲ Add Noise

▲ Median

Pixelate(픽셀화)

사각형, 다각형, 원형 등의 모양으로 픽셀화합니다.

▲ Mosaic

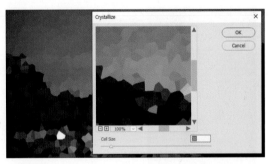

▲ Crystallize

Render

빛이나 조명 효과를 적용하거나 구름 형태의 픽셀을 생성합니다.

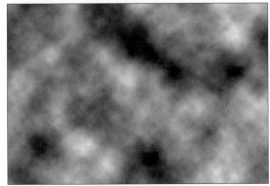

▲ Cloud(지정된 전경색과 배경색으로 만들어집니다.)

▲ Lens Flare

Sharpen(선명 효과)

픽셀을 선명하고 날카롭게 표현합니다.

▲ Sharpen More

▲ Unsharp Mask

Stylize(스타일화)

바람, 유화 등의 다양한 스타일을 적용합니다.

▲ Wind

▲ Find Edges

직전에 사용했던 필터는 단축키 Alt + Ctrl + F 를 누르면 똑같이 반복 적용할 수 있습니다.

필터 실습 ■ [Part18]-[별.jpg]

1 800*800px / 72ppi / RGB 모드로 새문서를 만들고 단축키 [D]를 눌러 색상값을 초기화 합니다.

2 [Filter]-[Render]-[Clouds]로 구름 효과를 적용합니다. 전경색과 배경색으로 이루어진 구름이 자동으로 생성됩니다.

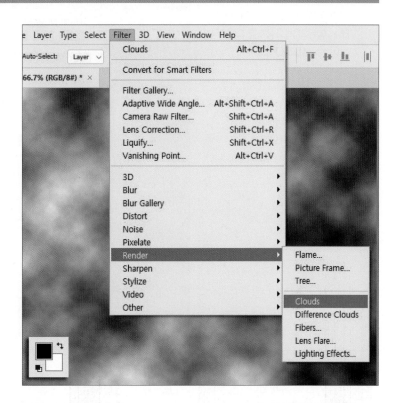

3 픽셀을 짧은 선 형태로 픽셀화하기 위해 [Filter]-[Pixelate]-[Mezzotint] 메뉴의 대화상자에서 [Type]을 [Short Lines]로 지정하고 [OK] 합니다.

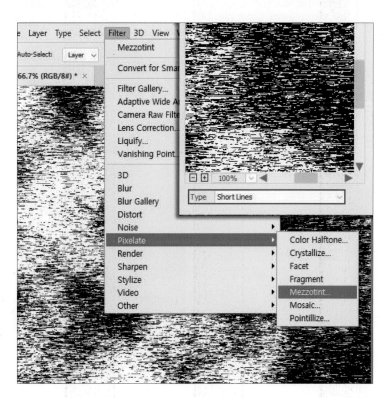

4 이미지 중앙으로 모아지는 형태로 변경하며 부드러운 처리를 하기 위해 [Filter]-[Blur]-[Radial Blur] 메뉴의 대화상자를 다음과 같이 체크하고 [OK]합니다.

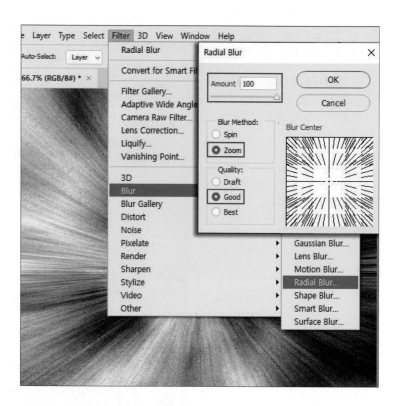

5 아직 거친 느낌이 남아있는 픽셀을 더욱 매끄럽게 하기 위해 직전 적용했던 필터를 단축키 Alt+Ctrl+F를 눌러 반복 적용합니다. 방사형 흐림 효과가 한번 더 적용되어 픽셀이 더욱 부드러워졌습니다.

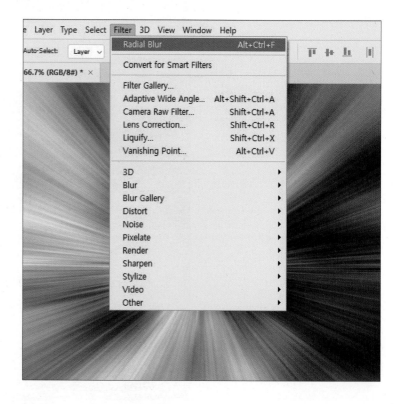

6 흑백의 이미지에 색상을 적용하기 위해 단축키 Ctrl+U를 눌러 [Hue/Saturation] 대화상자에서 다음과 같이 입력하고 [OK] 합니다.

7 단축키 Ctrl+A를 눌러 전체 선택하고 Ctrl+C를 눌러 복사합니다.

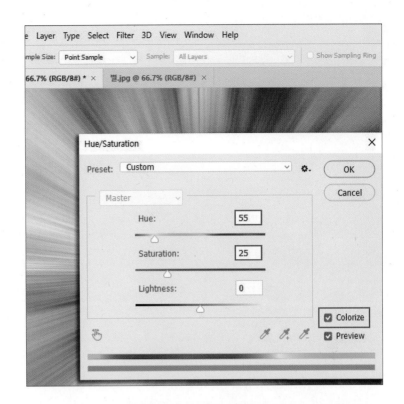

8 [별.jpg] 이미지에 단축키 Ctrl+V로 붙여넣습니다. 블렌딩 모드를 [Color Dodge]로 변경하여 혼합합니다. 속도감 있게 빨려 들어가는 느낌의 우주 배경이 완성되었습니다.

– 완성작을 참고하여 다른 공간으로 이어지는 듯한 아트웍을 표현합니다. 필터의 선명 효과와 구름 효과, 렌즈 플레어 효과 등을 사용하였습니다. 문 사진은 예제 폴더에 포함되어있지 않으므로 사용자가 자유롭게 다른 이미지를 생각해 보고 자료를 찾아 완성합니다. 문 사진은 pixabay.com의 사진을 사용하였습니다.

실전 예제로 배우는
포토샵

조정 및
칠 레이어

CHAPTER 01

칠 또는 조정 레이어

| New Fill Or Adjustment Layer |

조정 레이어는 조정 역할을 하는 레이어 입니다. 조정 레이어를 사용하면 이미지의 픽셀 값을 변경하지 않고 원본을 보존하면서 색상과 색조를 조정할 수 있습니다. 조정 레이어에 저장된 조정은 그 아래에 있는 모든 레이어에 적용된 것처럼 보여집니다. 따라서 한 번의 조정으로 여러 레이어를 한꺼번에 교정할 수 있습니다. 레이어에 직접 적용하는 것이 아니기 때문에 언제든지 변경 내용을 취소하고 원본 이미지를 복원할 수 있습니다. 칠 레이어를 사용하면 단색, 그레이디언트 또는 패턴으로 레이어를 칠할 수 있습니다. 칠 레이어는 밑에 있는 레이어에 영향을 주지 않습니다.

📁 [Part19]-[공원.psd]

1 레이어 패널 하단의 조정 레이어 버튼◙을 클릭하고 [Hue/Saturation] 메뉴를 선택합니다. 새로운 조정 레이어가 생성됩니다. 속성(Properties) 패널에 [Hue/Saturation] 조정 항목이 나타나고, 슬라이더를 드래그하여 색조와 채도, 명도 등을 조정하면 조정 레이어 하위의 모든 레이어에 영향을 줍니다.

2 바로 밑에 있는 쓰레기통 레이어에만 조정을 적용하기 위해 단축키 Alt + Ctrl + G 를 눌러 조정 레이어를 하위 레이어에 클리핑 마스크합니다. 속성 패널의 ⬚ 아이콘을 눌러도 클리핑 마스크가 실행되고 다시 누르면 클리핑 마스크가 해제됩니다.

3 대비값을 조절하기 위해 하단의 조정 레이어 버튼을 클릭하고 [Levels] 메뉴를 선택하여 조정 레이어를 추가합니다. 속성 패널에서 슬라이더를 드래그 하여 대비를 조절합니다. 하위의 모든 레이어에 영향을 주지 않고 쓰레기통 레이어에만 적용하기 위해 클리핑 마스크합니다.

4 언제든지 조정 아이콘을 더블 클릭하여 속성 패널에서 조정 내용을 편집할 수 있습니다. 조정이 필요없을 때는 조정 레이어의 가시성 버튼을 눌러 눈을 꺼 비활성화 하거나 Delete 하여 삭제합니다.

5 ⊞ 사각형 선택 윤곽 도구 M 를 선택하고 화면 오른쪽의 쓰레기통만큼 드래그하여 선택 영역을 지정합니다. [Hue/Saturation] 조정 레이어의 마스크 영역을 선택하고 검정색을 채우면 마스크에 검정색이 칠해진 영역만큼 조정이 가려집니다.

실전 예제로 배우는 포토샵

6 선택 영역을 해제한 뒤 ✏️브러시 도구 B를 선택하고 전경색을 검정으로 지정합니다. [Levels] 조정 레이어의 마스크 영역을 선택하고 칠하면 검은색으로 칠한 부분의 조정이 가려집니다.

조정 레이어의 장점

1 원본 이미지 데이터 손실이 없이 비파괴적 편집이 가능합니다. 언제든지 조정 레이어의 설정을 다시 편집할 수 있습니다.

2 조정 효과를 줄일 때 조정 레이어의 불투명도를 낮추어 적용할 수 있습니다.

3 조정 레이어는 레이어 마스크가 자동으로 씌워져 있습니다. 마스크 영역을 칠하여 이미지의 일부에만 조정 내용을 적용할 수 있습니다.

4 조정한 내용을 한 번에 여러 이미지에 적용하거나 각 레이어에 조정 레이어를 복사하여 붙이면 여러 레이어에 같은 색상과 색조 조정을 적용할 수 있습니다.

5 가시성 버튼을 켜거나 꺼서 효과를 적용하거나 미리 볼 수 있습니다.

CHAPTER 02

스마트 필터

| Smart Filter |

고급 개체에 적용되는 스마트 필터를 사용하면 비파괴적인 방식으로 필터를 사용할 수 있습니다. 스마트 필터로 변환하고 필터를 적용하면 필터가 레이어 패널에 효과로 저장되며 레이어 원본을 손실하지 않고 보존하는 상태로 언제든지 재조정할 수 있습니다.

■ [Part19]-[공원.psd]

1 쓰레기통 레이어를 선택하고 [Filter]-[Convert for Smart Filters] 메뉴를 클릭합니다.

2 쓰레기통 레이어가 고급 개체(Smart Object)로 변환되었습니다. 단축키 Ctrl+U를 눌러 [Hue/Saturation]을 열고 슬라이더를 드래그하여 조정합니다.

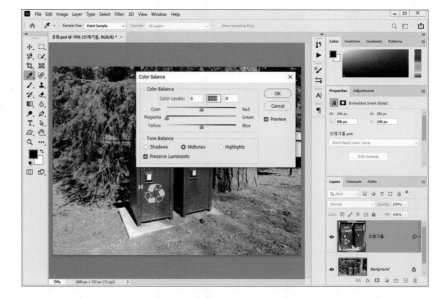

3 색조/채도 조정이 레이어에 직접 적용되지 않고 레이어 하단에 [Smart Filters] 항목으로 적용되었습니다. 가시성 버튼을 클릭하면 해당 조정을 비활성화 하고 더블클릭하면 대화상자가 열립니다. 언제든지 편집할 수 있습니다.

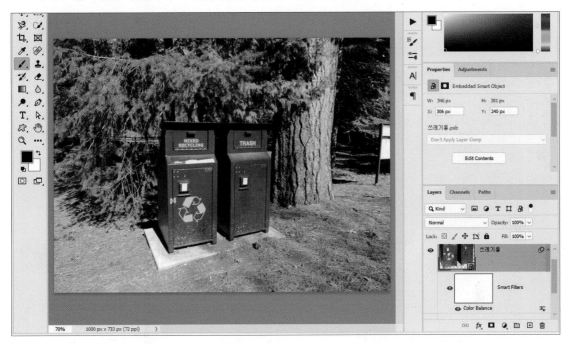

4 [Filter]-[Pixelate]-[Mosaic] 메뉴를 클릭합니다.

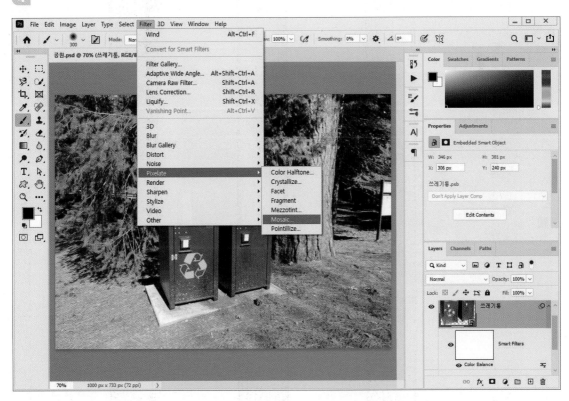

5 [Cell Size]를 조절하여 모자이크 효과를 적용합니다. 레이어 하단 [Smart Filters] 항목에 [Mosaic]가 추가됩니다. 가시성 버튼을 클릭하면 해당 필터를 비활성화 하고 더블클릭하면 대화상자가 열립니다. 언제든지 편집할 수 있습니다.

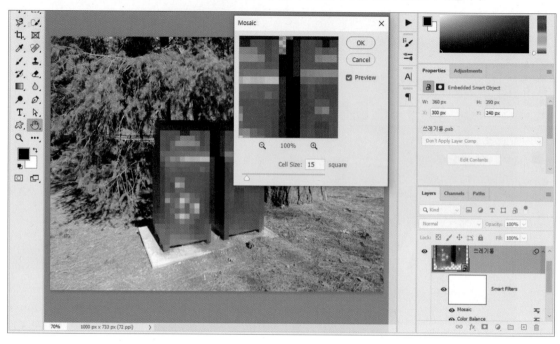

6 ✎브러시 도구 B를 선택하고 전경색을 검정으로 지정합니다. [Smart Filters]의 마스크 영역을 선택하고 검정으로 칠하면 적용된 모든 항목이 가려집니다.

7 단축키 Ctrl + T 를 눌러 자유 변형합니다. 크기를 계속 조절하여도 원본 데이터를 보존하고 있기 때문에 화질이 저하되지 않습니다. 하지만 원본 픽셀에 브러시, 지우개, 복제 도장 등의 직접적인 도구 사용은 제한됩니다.

8 고급 개체(Smart Object) 레이어가 아닌 일반 레이어로 변환하려면 레이어에서 마우스 우클릭 하여 [Rasterize Layer] 메뉴를 클릭합니다.

실전 예제로 배우는
포토샵

채널

01_ 채널 Channel

```
CHAPTER
01
```

채널

| Channel |

다양한 유형의 정보를 흑백의 명도 단계 이미지로 보관하는 패널로, 세 가지 종류가 있습니다. 색상을 조정할 때도 사용하고 흑백의 명도 단계를 통한 영역 선택 또는 선택 영역을 저장하거나 재조정하는 등 많은 범위에서 사용됩니다.

색상 채널(Color Channel)

이미지는 자동으로 색상 정보 채널이 만들어집니다. 이미지의 색상 모드에 따라 RGB 이미지에는 RGB, 빨강, 초록, 파랑 색상 영역의 채널이, CMYK 이미지에는 CMYK, 밝은 파랑, 자주, 노랑, 검정 색상 영역의 채널이 있습니다.

알파 채널(Alpha Channel)

선택 영역을 흑백의 명도 단계 이미지로 저장합니다. 선택된 영역은 흰색으로 나타나고 선택이 제외된 영역은 검은색으로 나타납니다.

별색 채널(Spot Channel)

CMYK로 인쇄할 수 없는 색인 별색 잉크(DIC, PANTONE 등)로 인쇄하는 데 사용할 추가 플레이트를 지정합니다.

📁 [Part20]-[몬스테라.jpg]

1 채널(Channels) 패널을 선택합니다. RGB, Red, Green, Blue의 4개 색상 채널이 있습니다. Red, Green, Blue 채널의 섬네일은 해당 색상의 농도를 흑백의 명도 단계로 나타냅니다. 섬네일 색상이 흰색인 부분은 해당 원색이 255이고 (CMYK 모드의 경우 0%) 검은색인 부분은 해당 원색이 0입니다. (CMYK 모드의 경우 100%)

★중요★ 섬네일을 Ctrl 키 누르고 클릭하면 흑백의 농도만큼 선택 영역을 지정할 수 있습니다. 흰색은 100% 불투명도로 선택되고 검은색은 선택되지 않습니다.

2 섬네일의 흑백 명도차로 선택 영역을 지정하기 위해 흑백이 제일 많이 차이 나는 채널을 클릭하여 선택합니다. [Blue] 채널을 선택하였습니다.

3 선택하려는 몬스테라 잎 영역과 배경이 완벽하게 흑백으로 구분된 상태가 아니므로 정확한 작업을 위해서는 편집 가능한 알파 채널이 필요합니다. [Blue] 채널에서 마우스 우클릭하여 [Duplicate Channel]을 클릭하고 대화상자에서 복제될 채널의 이름을 입력한 후 [OK]합니다.

> **★중요★** 채널을 복제하여 알파 채널을 만들지 않고 원본 [Blue] 채널에서 편집하면 원색 색상 영역과 농도가 변경되어 원본 이미지의 색상도 변경되므로 주의합니다.

4 선택 영역으로 변환 시 섬네일의 흰색 영역이 100% 불투명하게 선택됩니다. 복제된 채널은 선택하려는 잎 부분이 검정이므로 단축키 Ctrl+I를 눌러 [색상 반전(Invert)] 합니다.

5 흑백의 대비를 높이기 위해 단축키 Ctrl+L을 눌러 [Levels]를 열고 슬라이더를 드래그하여 흑백이 선명하게 구분되도록 조정합니다.

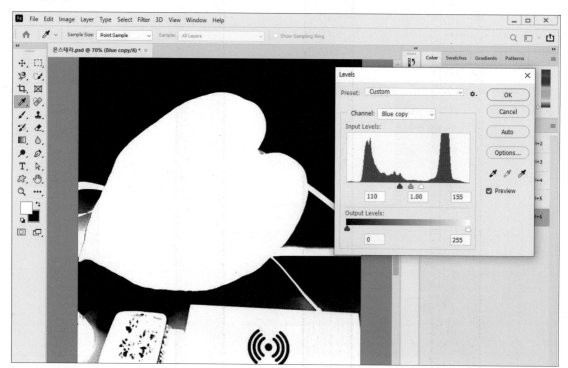

6 세밀하게 편집하기 위해 📱브러시 도구 Ⓑ의 가장자리가 선명한 [Hard Round] 브러시를 선택합니다.

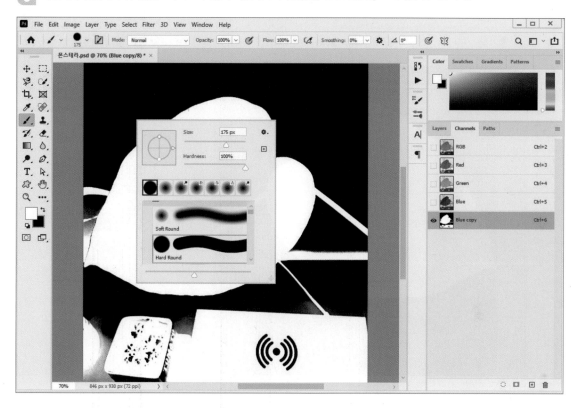

7 선택하지 않을 배경을 모두 검정으로 칠하고 선택할 잎 부분은 흰색으로 칠합니다.

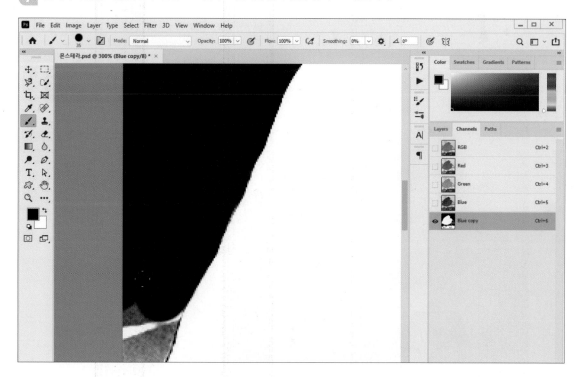

8 칠을 다 마친 후 [Blue copy] 레이어의 섬네일을 Ctrl 키 누르고 클릭하면 선택 영역이 설정됩니다.

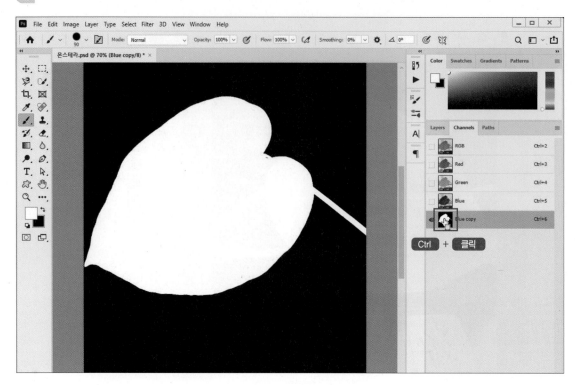

9 다시 [RGB] 채널을 클릭하여 RGB, Red, Green, Blue의 4개 색상 채널을 활성화합니다. [Blue copy] 레이어는 비활성화 합니다.

10 레이어(Layer) 패널을 선택하고 단축키 Ctrl+J를 눌러 잎을 복사합니다. 복제된 잎 레이어 밑에 새레이어를 만들고 색상을
채워 완성합니다.

• 세밀하게 선택하기 힘든 머리카락이나 복잡한 부분들도 확연히 명도차가 구분되는 채널이 있다면 같은 방법으로 선택할 수 있습니다.

실전 예제로 배우는
포토샵

부록

Ps 도구 모두 보기

이동 도구 ▶ 선택 영역이나 레이어 이동
대지 도구 ▶ 대지 생성, 편집

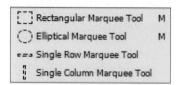

사각형 선택 윤곽 도구 ▶ 사각형 선택 영역 지정
원형 선택 윤곽 도구 ▶ 원형 선택 영역 지정
단일 행 선택 도구 ▶ 1픽셀 가로선 선택
단일 열 선택 도구 ▶ 1픽셀 세로선 선택

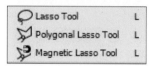

올가미 도구 ▶ 자유 형태 선택 영역 지정
다각형 올가미 도구 ▶ 다각형 형태 선택 영역 지정
자석 올가미 도구 ▶ 이미지의 경계선 따라 선택 영역 지정

개체 선택 도구 ▶ 이미지의 경계선 따라 자동 선택 영역 지정
빠른 선택 도구 ▶ 클릭하거나 드래그하여 빠르게 선택 영역 지정
자동 선택 도구 ▶ 비슷한 색상의 영역 모두 선택 영역 지정

자르기 도구 ▶ 문서를 자르거나 늘림
원근 자르기 도구 ▶ 원근감을 적용하거나 해제하여 변형
분할 도구 ▶ 이미지 분할
분할 선택 도구 ▶ 분할된 이미지 선택

Frame Tool (K)

프레임 도구 ▶ 프레임 안에 이미지 배치

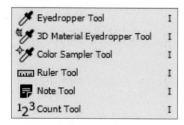

스포이트 도구 ▶ 똑같은 색상을 추출
3D 재질 스포이트 도구 ▶ 3D 입체 개체에서 색상 추출
색상 샘플러 도구 ▶ Info 패널에서 선택한 색상 정보 표시
자 도구 ▶ 이미지 길이와 각도를 측정
주석 도구 ▶ 메모 추가
계산 도구 ▶ 개체 수를 셀 때 사용

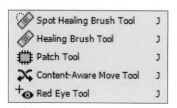

스팟 복구 브러시 도구 ▶ 주변이미지와 비슷하게 복구
복구 브러시 도구 ▶ 샘플링 영역을 지정하여 복구
패치 도구 ▶ 드래그하여 이동하여 복구
내용 인식 이동 도구 ▶ 이미지를 자연스럽게 이동
적목 현상 도구 ▶ 눈동자의 적목 현상 제거

실전 예제로 배우는 포토샵

Brush Tool	B
Pencil Tool	B
Color Replacement Tool	B
Mixer Brush Tool	B

브러시 도구 ▸ 다양한 모양으로 드로잉
연필 도구 ▸ 연필로 그린듯한 거친 드로잉
색상 대체 도구 ▸ 브러시로 색상 변경
혼합 브러시 도구 ▸ 색상을 혼합하여 칠

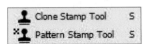

Clone Stamp Tool	S
Pattern Stamp Tool	S

복제 도장 도구 ▸ 이미지를 복제하여 칠
패턴 도장 도구 ▸ 패턴 칠

History Brush Tool	Y
Art History Brush Tool	Y

히스토리 브러시 도구 ▸ 특정 영역의 작업 내역 복구
아트 히스토리 브러시 도구 ▸ 회화적인 형태로 복구

Eraser Tool	E
Background Eraser Tool	E
Magic Eraser Tool	E

지우개 도구 ▸ 픽셀 삭제
배경 지우개 도구 ▸ 비슷한 색상 영역 드래그하여 삭제
자동 지우개 도구 ▸ 비슷한 색상 영역 한번에 삭제

Gradient Tool	G
Paint Bucket Tool	G
3D Material Drop Tool	G

그레이디언트 도구 ▸ 그레이디언트 칠
페인트 통 도구 ▸ 색이나 패턴으로 칠
3D 재료 드롭 도구 ▸ 3D 입체 개체 채색

Blur Tool	
Sharpen Tool	
Smudge Tool	

흐림 효과 도구 ▸ 픽셀에 흐림 효과 적용
선명 효과 도구 ▸ 픽셀에 선명 효과 적용
스머지 도구 ▸ 픽셀에 번짐 효과 적용

Dodge Tool	O
Burn Tool	O
Sponge Tool	O

닷지 도구 ▸ 픽셀을 밝게 조정
번 도구 ▸ 픽셀을 어둡게 조정
스펀지 도구 ▸ 픽셀의 채도 조정

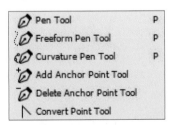

Pen Tool	P
Freeform Pen Tool	P
Curvature Pen Tool	P
Add Anchor Point Tool	
Delete Anchor Point Tool	
Convert Point Tool	

펜 도구 ▸ 패스 드로잉
자유형태 펜 도구 ▸ 화면을 드래그하여 패스 자동 생성
곡률 펜 도구 ▸ 자동으로 곡선 연결하여 패스 생성
고정점 추가 도구 ▸ 패스에 고정점 추가
고정점 삭제 도구 ▸ 패스의 고정점 삭제
고정점 변환 도구 ▸ 고정점의 곡선, 직선 형태 변환

Horizontal Type Tool	T
Vertical Type Tool	T
Vertical Type Mask Tool	T
Horizontal Type Mask Tool	T

수평 문자 도구 ▸ 가로 방향으로 문자 입력
세로 문자 도구 ▸ 세로 방향으로 문자 입력
수평 문자 선택 영역 도구 ▸ 수평 문자 선택 영역 변환
세로 문자 선택 영역 도구 ▸ 세로 문자 선택 영역 변환

Path Selection Tool	A
Direct Selection Tool	A

패스 선택 도구 ▸ 패스 전체 선택
직접 선택 도구 ▸ 패스 부분 선택하여 수정

Rectangle Tool	U	사각형 도구 ▸ 사각형 그리기
Rounded Rectangle Tool	U	둥근 사각형 도구 ▸ 둥근 사각형 그리기
Ellipse Tool	U	원형 도구 ▸ 원 그리기
Polygon Tool	U	다각형 도구 ▸ 다각형 그리기
Line Tool	U	선 도구 ▸ 다양한 선 그리기
Custom Shape Tool	U	사용자 정의 모양 도구 ▸ 기본 모양 선택 또는 모양 등록

| Hand Tool | H | 손 도구 ▸ 화면 이동 |
| Rotate View Tool | R | 회전 보기 도구 ▸ 작업화면 회전 |

Zoom tool (Z) · 돋보기 도구 ▸ 작업화면 확대 또는 축소

••• · ••• Edit Toolbar... · Tools 패널 편집 ▸ 도구 박스 배열 편집

포토샵 단축키 모음

파일

새 문서	Ctrl + N
파일 불러오기	Ctrl + O
파일 닫기	Ctrl + W
저장 하기	Ctrl + S
다른 이름으로 저장	Ctrl + Shift + S
포토샵 종료	Ctrl + Q
열려있는 문서 순환	Ctrl + Tab

편집

작업 내역 취소	Ctrl + Z
작업 내역 재실행	Ctrl + Shift + Z
복사하기	Ctrl + C
붙여넣기	Ctrl + V
잘라내기	Ctrl + X

자유변형	Ctrl + T
전경색 채우기	Alt + Delete
배경색 채우기	Ctrl + Delete
10px씩 이동	Shift + 방향키

선택

전체 선택	Ctrl + A
선택 영역 해제	Ctrl + D
해제 영역 재선택	Ctrl + Shift + D
선택 영역 반전	Ctrl + Shift + I
선택 영역 추가	Shift + 드래그
선택 영역 빼기	Alt + 드래그
교차 선택 영역 남기기	Shift + Alt + 드래그
중앙부터 선택 윤곽 그리기	Alt + 드래그

도구

숨겨진 도구 탐색	Alt 키를 누른 상태에서 도구 클릭

레이어

새 레이어	Alt + Ctrl + Shift + N
레이어 복제	Ctrl + J
레이어 분리(오려 붙이기)	Ctrl + Shift + J
선택한 레이어 병합	Ctrl + E
보이는 레이어 병합	Ctrl + Shift + E
모든 레이어 새로 병합	Alt + Ctrl + Shift + E
레이어 그룹생성	Ctrl + G
레이어 그룹해제	Ctrl + Shift + G
클리핑 마스크 적용/해제	Alt + Ctrl + G
레이어 배열 한 단계 위로 이동	Ctrl +]
레이어 배열 한 단계 아래로 이동	Ctrl + [
레이어 배열 제일 위로 이동	Ctrl + Shift +]
레이어 배열 제일 아래로 이동	Ctrl + Shift + [
맨 위의 레이어 선택	Alt + . (마침표)
맨 아래 레이어 선택	Alt + , (쉼표)
레이어 내용 선택 영역 지정	Ctrl 키 누르고 섬네일 클릭
투명 픽셀 잠금 켜기/끄기	/

블렌딩 모드

Normal(표준)	Shift + Alt + N
Multiply(곱하기)	Shift + Alt + M
Screen(스크린)	Shift + Alt + S
Overlay(오버레이)	Shift + Alt + O
Soft Light(소프트 라이트)	Shift + Alt + F

문자

문자 크기 줄이기	Ctrl + Shift + , (쉼표)
문자 크기 키우기	Ctrl + Shift + . (마침표)
자간	Alt + ←, → 방향키 좌우
행간	Alt + ↑, ↓ 방향키 상하

보기

확대하기	Ctrl + + (더하기)
축소하기	Ctrl + - (빼기)
화면에 이미지 맞추기	Ctrl + 0
100%로 보기	Ctrl + Alt + 0 / Ctrl + 1
눈금자	Ctrl + R
그리드 활성화/비활성화	Ctrl + ;
가이드 활성화/비활성화	Ctrl + '
이미지 회전	R
도구 박스 숨기기	Tab
전체화면 보기 모드 변경	F

필터

직전 필터 적용	Alt + Ctrl + F

브러시

브러시 크기 축소	[
브러시 크기 증가	]
브러시 경도 감소	{
브러시 경도 증가	}

○ **memo**

○ memo

Let's
실전 예제로 배우는
포토샵

초판2쇄 인쇄 2024년 6월 24일
초판2쇄 발행 2024년 6월 28일
지은이 장민희
기획 곽홍준
감수 임지영
표지디자인 서제호
내지디자인 서진희
제작 김응태, 조재훈
판매영업 김승규, 남권우

발행처 ㈜아이비김영
펴낸이 김석철
등록번호 제22-3190호
주소 (06728)서울 서초구 서운로 32, 우진빌딩 5층
전화 (대표전화) 1661-7022
팩스 02)3456-8073

ISBN 978-89-6512-125-1 14000
        978-89-6512-124-4 (세트)
정가 18,000원

잘못된 책은 바꿔드립니다.